高等职业技术院校公路类专业教材

# 公路工程识图习题册

中国劳动社会保障出版社

## 简　　介

本习题册是高等职业技术院校公路类专业教材《公路工程识图》的配套用书。本习题册紧扣教学要求，按照教材模块、课题顺序编排，知识点分布均衡，题型丰富，难易配置适当，有助于学生复习巩固所学知识。

本习题册由梁冰主编，唐晋娟、王继平参加编写。

**图书在版编目(CIP)数据**

公路工程识图习题册/梁冰主编. —北京：中国劳动社会保障出版社，2013
高等职业技术院校公路类专业教材
ISBN 978-7-5167-0654-1

Ⅰ.①公…　Ⅱ.①梁…　Ⅲ.①道路工程-工程制图-识别-高等职业教育-习题集　Ⅳ.①U412.5-44

中国版本图书馆CIP数据核字(2013)第231224号

**中国劳动社会保障出版社出版发行**
（北京市惠新东街1号　邮政编码：100029）

*

北京隆昌伟业印刷有限公司印刷装订　新华书店经销
787毫米×1092毫米　16开本　8.5印张　202千字
2013年12月第1版　2023年1月第7次印刷
**定价：16.00元**

营销中心电话：400-606-6496
出版社网址：http://www.class.com.cn
http://jg.class.com.cn

# 目　录

# 模块一　了解识图的基本知识

## 课题一　公路工程图样与课程认知

### 一、填空题（请将正确答案填在空白处）

1．根据__________和________________表示工程对象的形状、大小以及技术要求的图，称为工程图样。用于________________的工程图样称为公路工程图样。

2．__________是工程与产品信息的载体，是工程界表达、交流的语言。__________是工程施工人员必须掌握的一种技能。

3．公路工程图样是________________的重要组成部分，是指导________________的法律性文件。工程图也是合同文件的重要组成部分，是________________、________________、________________和________________的基本依据。

4．图样正下方有标题栏，标题栏内填写________________、__________、__________等。

### 二、简答题

1．本课程的学习内容及主要目的是什么？

2．简述本课程的任务与学习方法。

# 课题二　制图标准的一般规定

## 一、填空题（请将正确答案填在空白处）

1. 为了统一中国道路工程的制图方法，保证图面质量，提高工作效率，便于技术交流，国家制定了________________________（GB __________），对图幅大小、图线的线型、图例、字体、尺寸标注等做了统一的规定，每个工程技术人员均应熟悉并严格遵守制图国家标准。

2. 图样中__________与__________相应线性尺寸之比称为图形的比例。

3. 图线的线型有__________、__________、__________、__________、__________等。

4. 图样上一个完整的尺寸由__________、__________、________________、__________四部分组成，称为尺寸的四要素。

5. 尺寸起止符的表示方法有__________、________________、__________。

6. 在图样中，标高尺寸以__________为单位。

7. 坡度符号由__________、__________和在线上标注的百分数组成。

8. 圆的直径或半径标注应在尺寸数字前加注符号__________或__________，球的标注则在直径和半径符号前加__________。

## 二、选择题（请在下列选项中选择一个正确答案并填在括号内）

1. A1 图幅的图纸外形尺寸是（　　）。

A. 841 mm×1 189 mm　　B. 840 mm×1 189 mm

C. 594 mm×841 mm　　D. 594 mm×840 mm

2. 对图中比例下面表述正确的是（　　）。

A. 1∶100＜1∶200　　B. 1∶50＜1∶200

C. 1∶100＞1∶50　　D. 1∶100＞1∶200

3. 图上所有尺寸数字是物体的（　　）大小数值，与图形选用比例（　　）。

A. 缩小　无关　　B. 扩大　有关

C. 实际　有关　　D. 实际　无关

## 三、判断题（判断正误并在括号内填√或×）

1. 图样中分数可以用数字与汉字混合表示，如 5 分之一。（　　）

2. 当实线的延长线为虚线时，应留空隙。（　　）

3. 公路工程图上，为了表示地区的方位和路线的走向，可以用指北针或坐标网格来指示方向。（　　）

4.《道路工程制图标准》规定，可以选取任一绘图比例来绘制公路工程图。（　　）

## 四、简答题

1.《道路工程制图标准》中对汉字、字母、数字的书写做了哪些规定?

2. 公路工程图中常见的线型包括哪些?各自的适用范围是什么?

# 模块二　识读基本体的三面投影

## 课题一　投影的概念

**一、填空题（请将正确答案填在空白处）**

1. 投射线、形体和__________是形成投影的三要素，三者缺一不可。
2. 按照投影线的不同，投影法可分为_______________和_______________。
3. 正投影的基本特性包括__________、__________、__________、__________、__________和__________。

**二、简答题**

1. 什么叫投影？

2. 什么叫中心投影法和平行投影法？

3. 什么叫投影图？

# 课题二　三面投影图

## 一、选择题（请在下列选项中选择一个正确答案并填在括号内）

1. 为了能在一张图样上同时反映出三个投影图，即将三投影面体系展开，展开时规定（　　）不动。

A. 投影面　　B. $H$ 面　　C. $W$ 面　　D. $V$ 面

2. 将三投影面体系展开后，$Y$ 轴分成两部分，其中随 $W$ 面旋转的用（　　）表示。

A. $Y_H$　　B. $Y_W$　　C. $W_Y$　　D. $H_Y$

3. 轴测投影图能在单面投影图中同时反映出形体的（　　）个向度。

A. 4　　B. 3　　C. 2　　D. 1

## 二、名词解释

三投影面体系

## 三、图形分析题

根据投影图找立体图。

投影图如下：

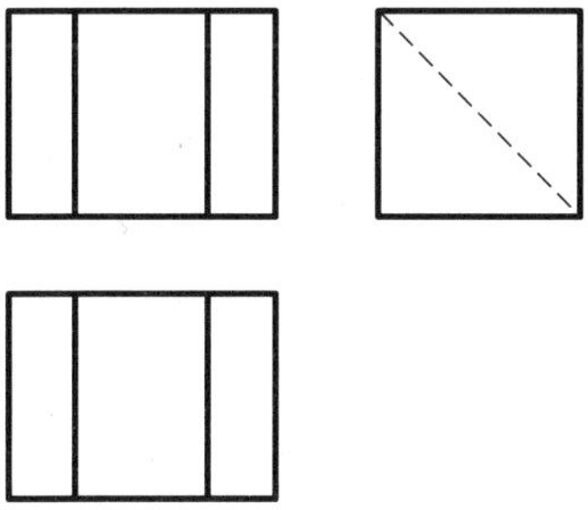

（　　）　　（　　）

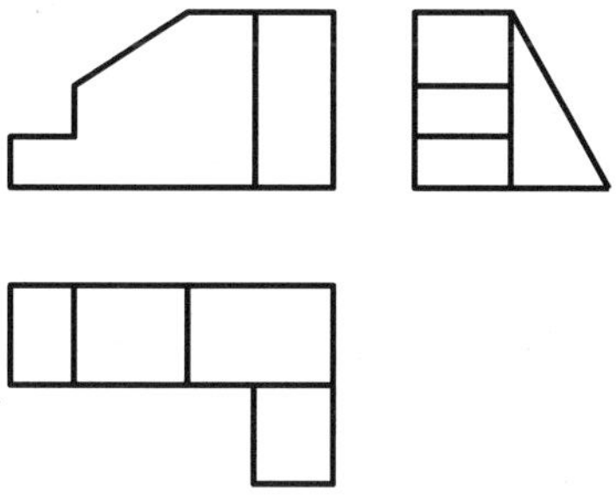

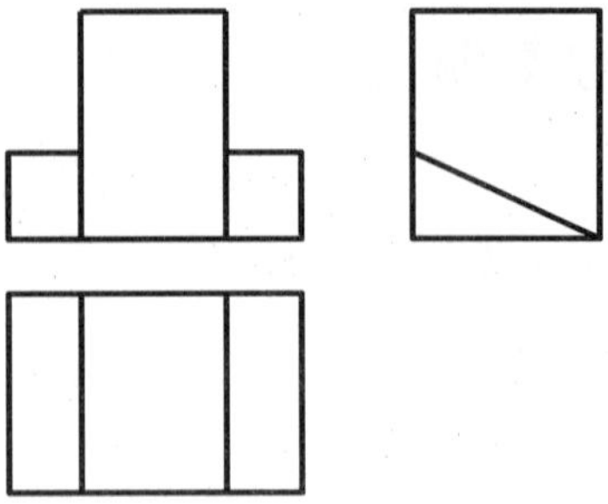

(　　)　　　　(　　)

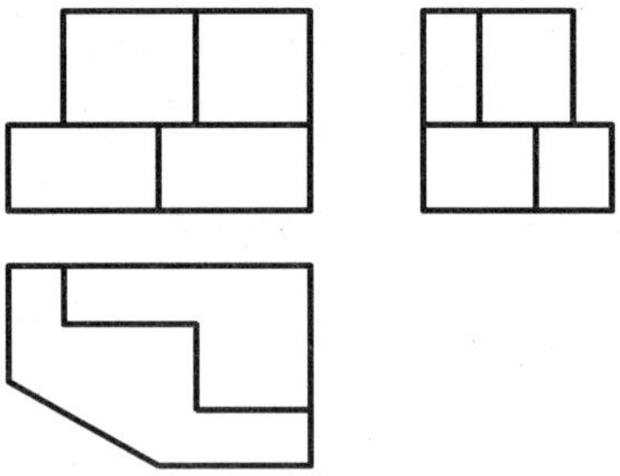

(　　)　　　　(　　)

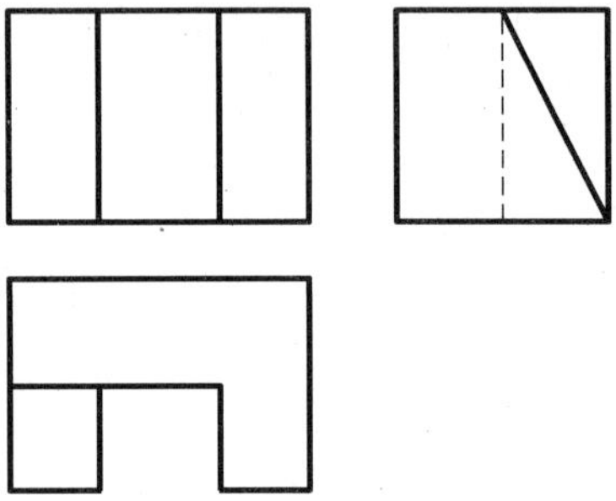

(　　)　　　　(　　)

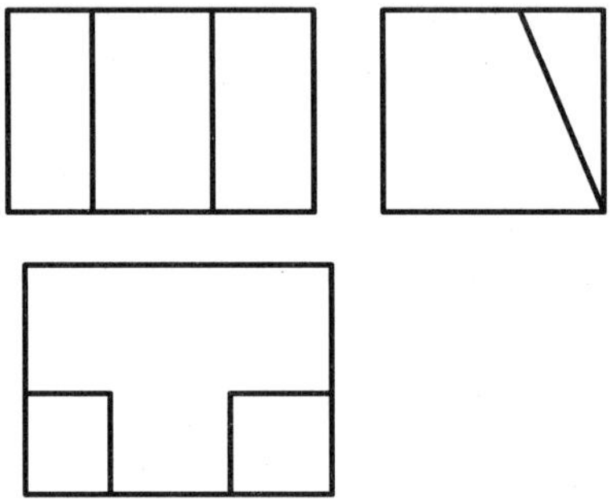

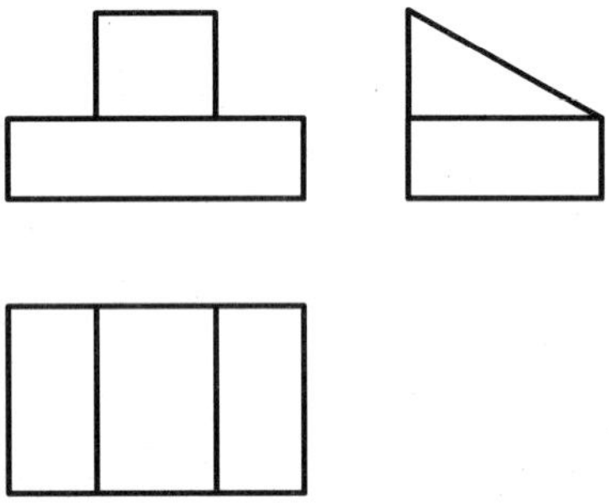

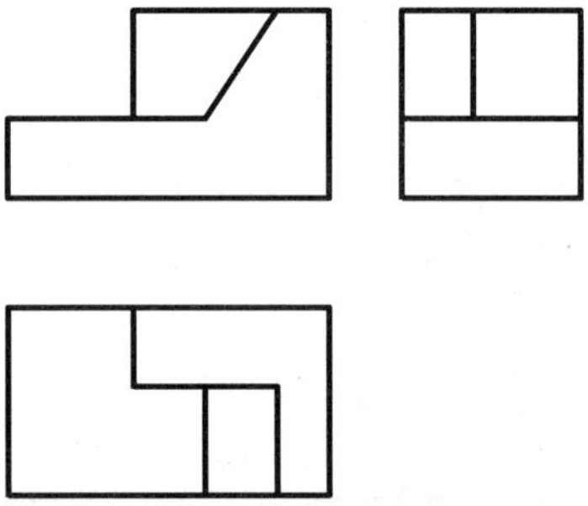

立体图如下：

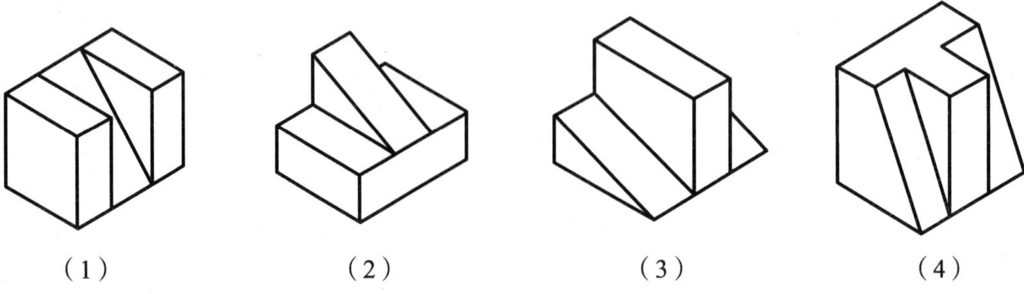

（1）　　（2）　　（3）　　（4）

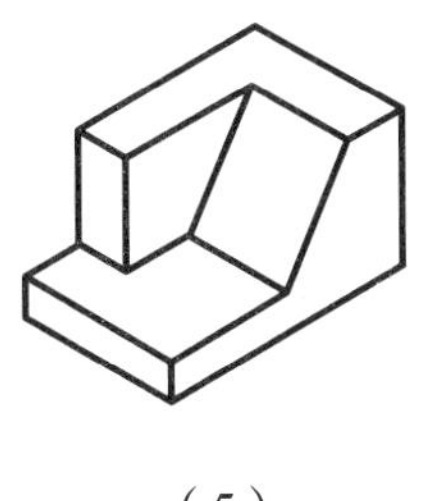

（5）

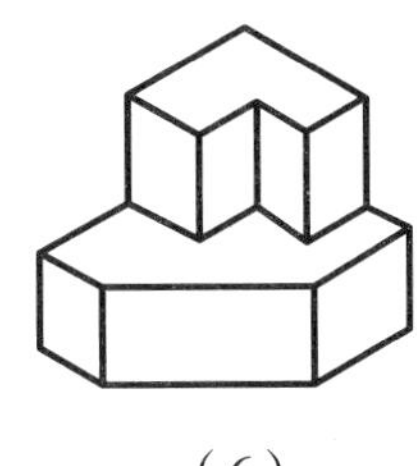

（6）

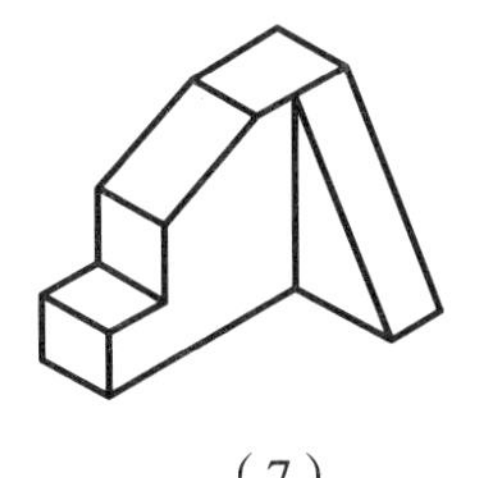

（7）

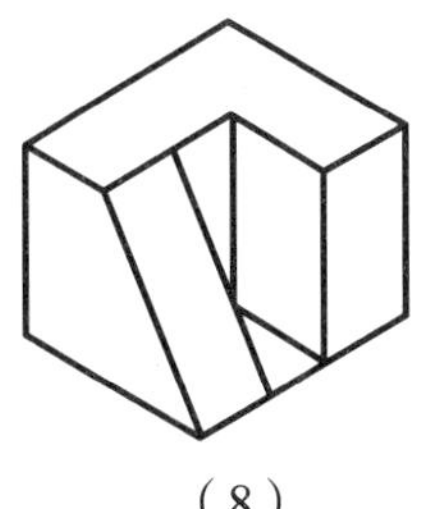

（8）

**四、作图题**

1. 已知形体的立体图和两面投影图，补画第三面投影图。

（1）

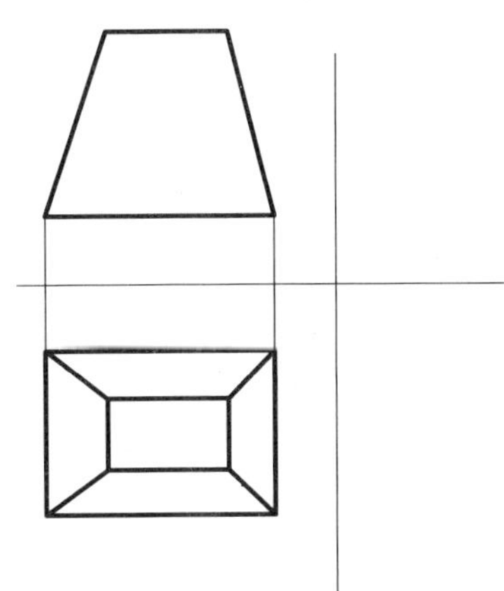

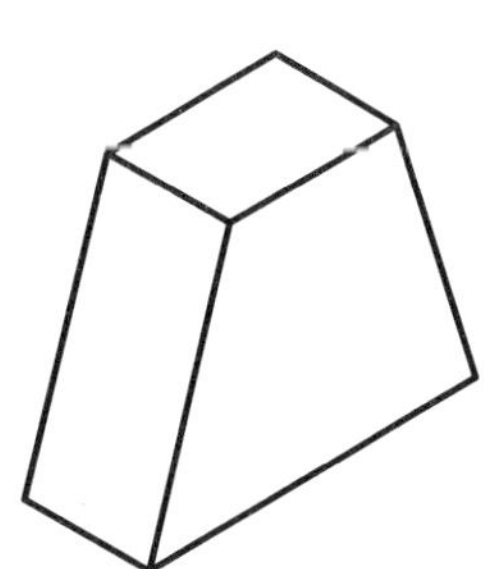

（2）

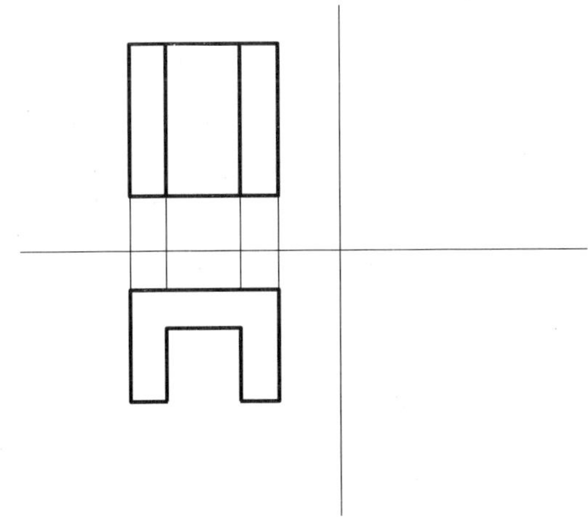

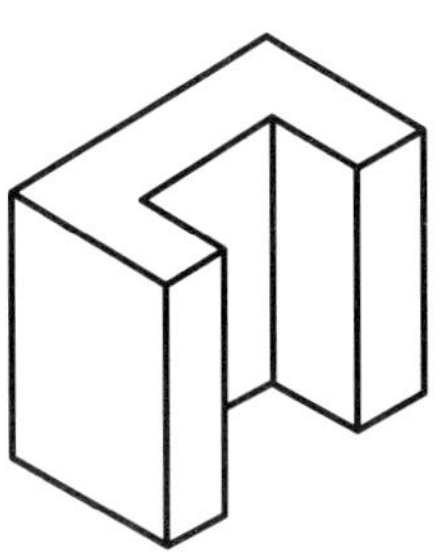

(3)

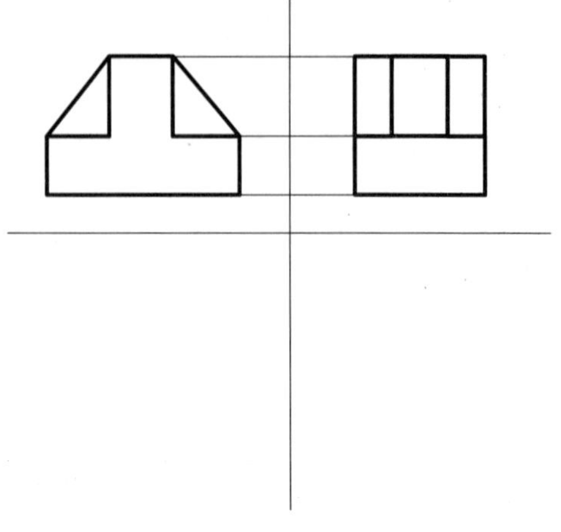

(4)

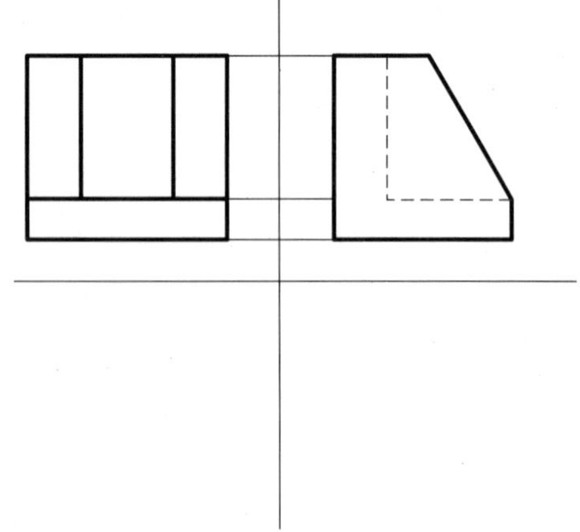

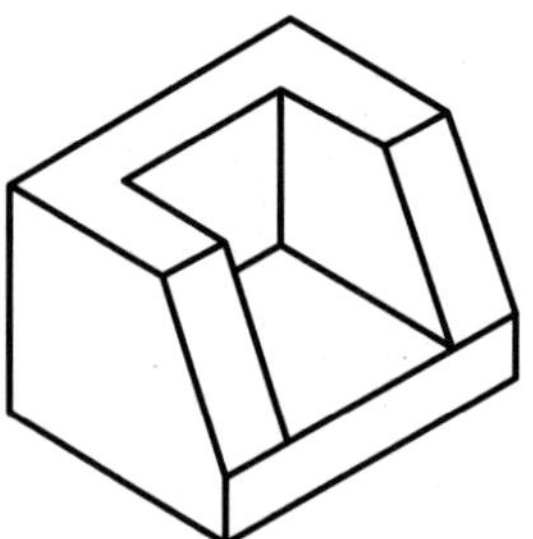

(5)

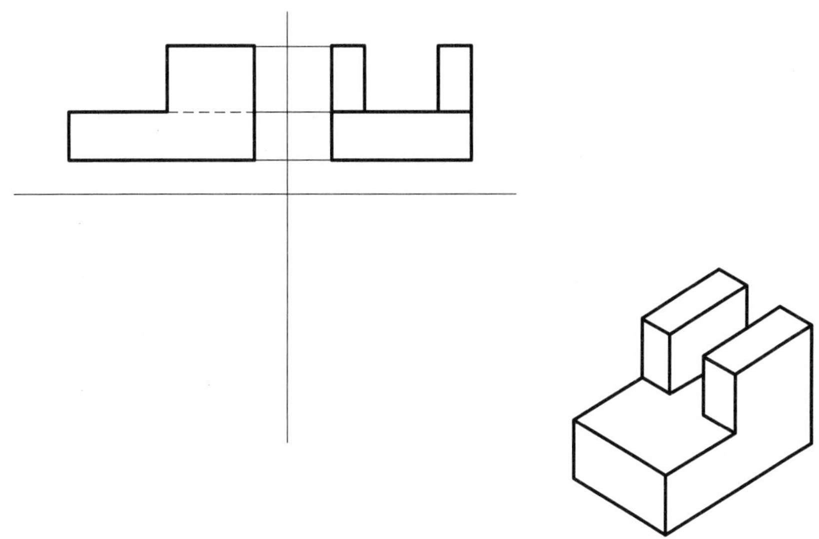

2. 由立体图画出形体的三面投影图。形体大小按 1∶1 在立体图上量取。

(1)

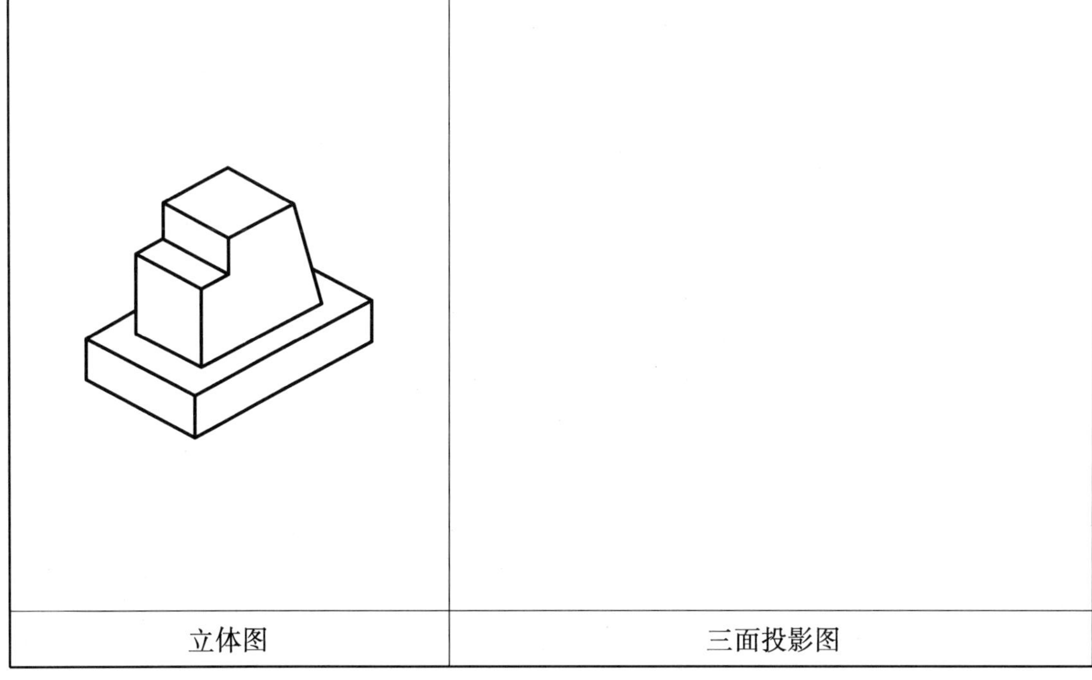

(2)

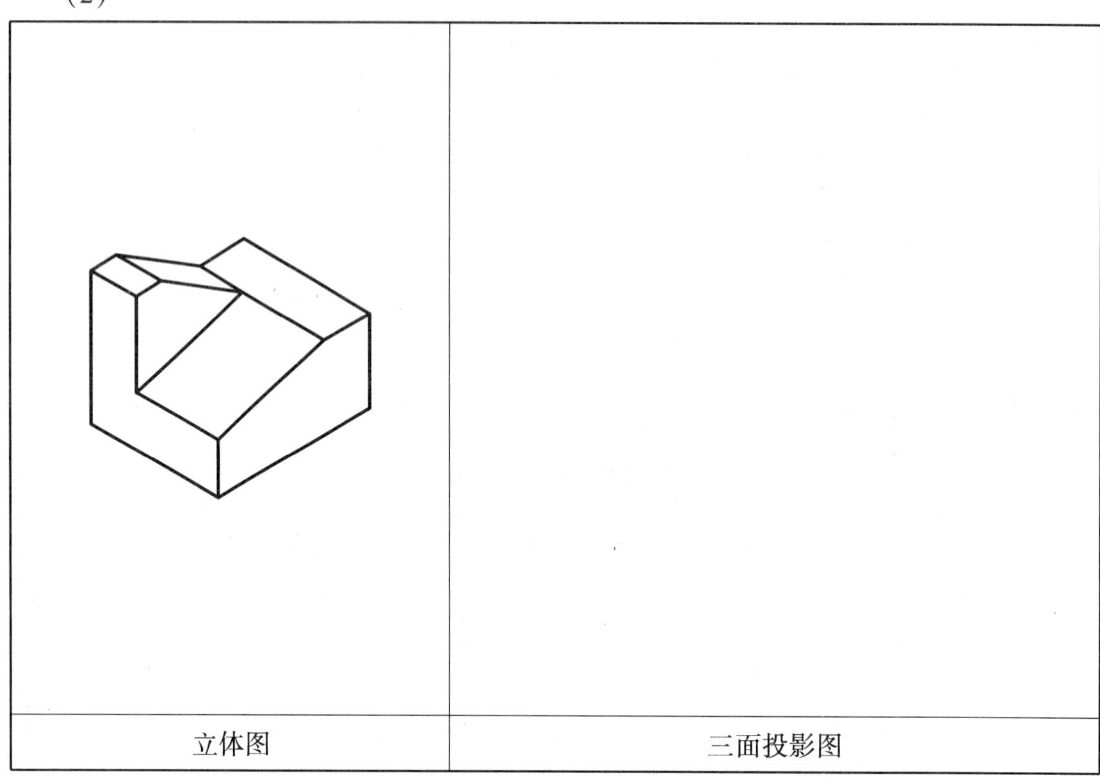


(3)

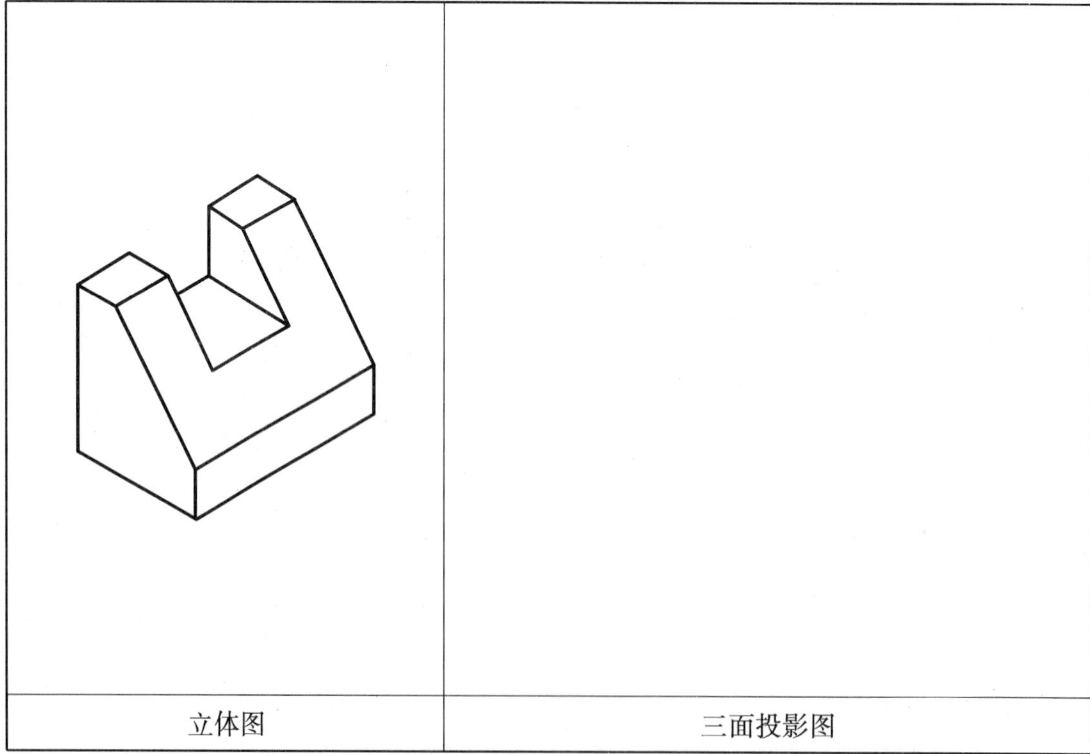

（4）

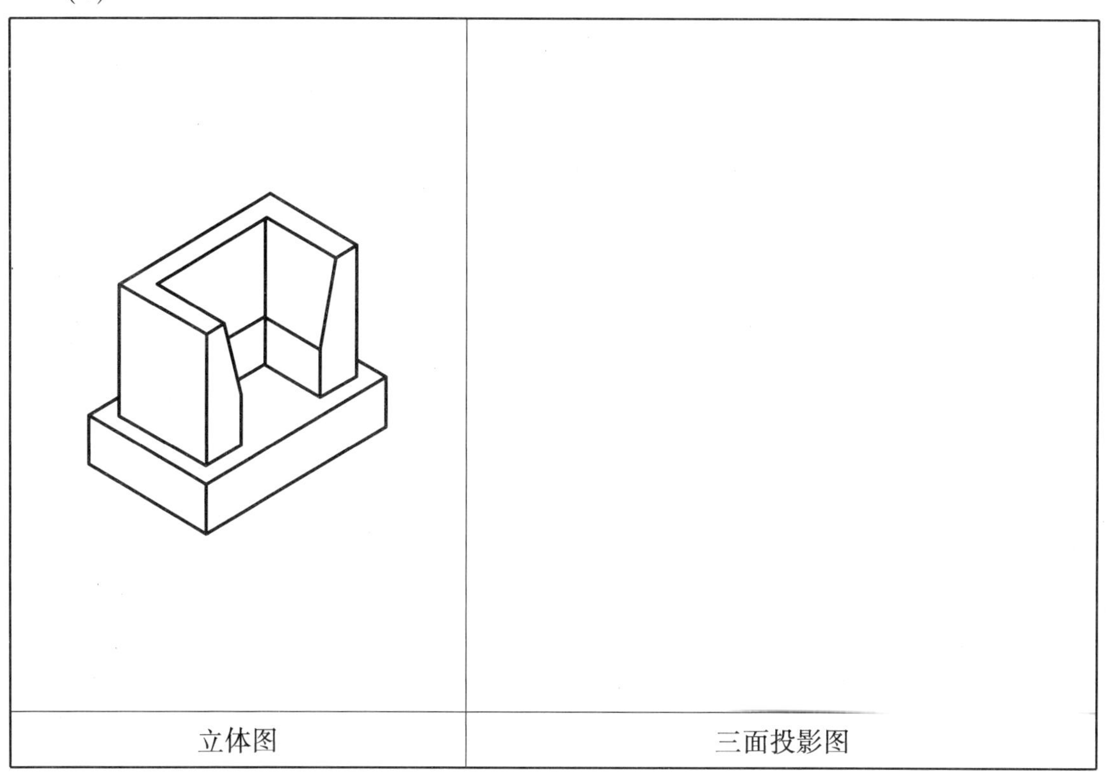


# 课题三　轴　测　图

## 一、填空题（请将正确答案填在空白处）

1. 在正等测图中，________________和________________均相等，作图简便。

2. 轴测图即常说的__________，它的__________好，__________强，可以帮助想象构造物的空间形状，通常作为三视图的________________来帮助想象构造物的空间形状。

## 二、选择题（请在下列选项中选择一个正确答案并填在括号内）

1. 轴测投影图采用平行投影的方法绘制，它有（　　）个投影面。

A. 1　　B. 2　　C. 3　　D. 4

2. 三个轴向变化率有两个相等的轴测投影图称为（　　）。

A. 正三测　　B. 斜三测

C. 正（或斜）二测　　D. 正（或斜）等测

3. 三个轴向变化率都不相等的轴测投影图称为（　　）。

A. 正等测　　B. 斜等测

C. 正（或斜）三测　　D. 正（或斜）等测

4. $p$ 表示沿（　　）方向的轴向变化率。

A. $X$ 轴　　B. $Y$ 轴　　C. $Z$ 轴

5. 在正等测投影中，三个轴测轴之间的夹角均为（　　）。

A. 60°　　B. 90°　　C. 150°　　D. 120°

6. 在正面斜轴测投影中，一般选 $y_1$ 轴与水平方向的夹角为（　　）。

A. 60°、90°、120°　　B. 30°、90°、120°

C. 30°、45°、60°　　D. 30°、45°、90°

**三、名词解释**

轴向变化率

**四、判断题（判断正误并在括号内填√或×）**

1. 正投影和轴测投影都是三个投影面。（　　）
2. 正等测是三个轴向变化率都相等的正轴测投影。（　　）
3. 轴间角指的是空间坐标系中三个坐标轴之间的夹角。（　　）

**五、用简化系数法做出形体的正等测图**

1.

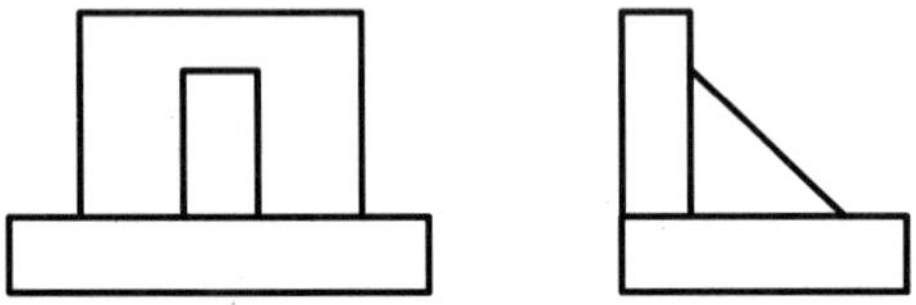

2.

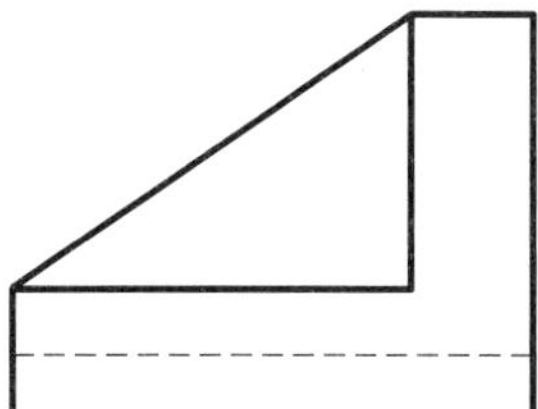

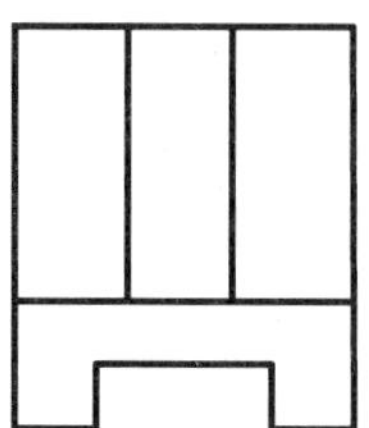

3.

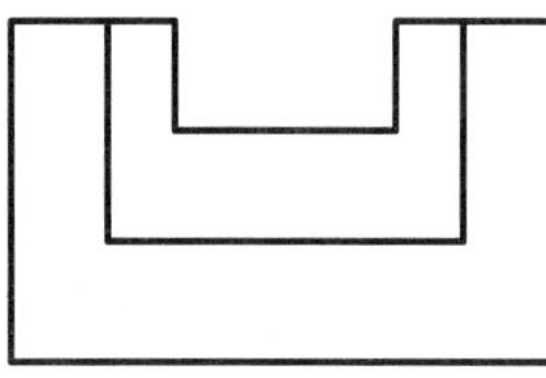

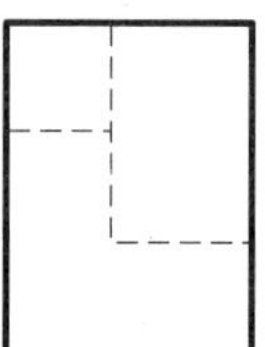

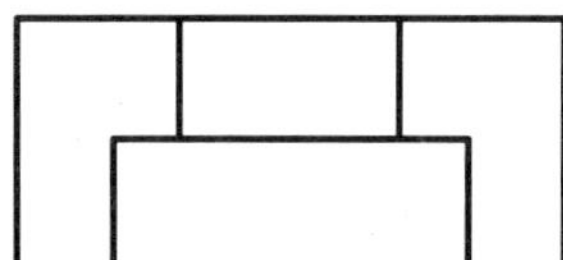

4.

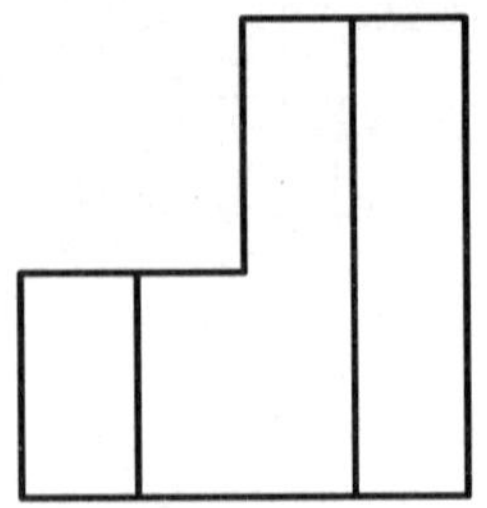

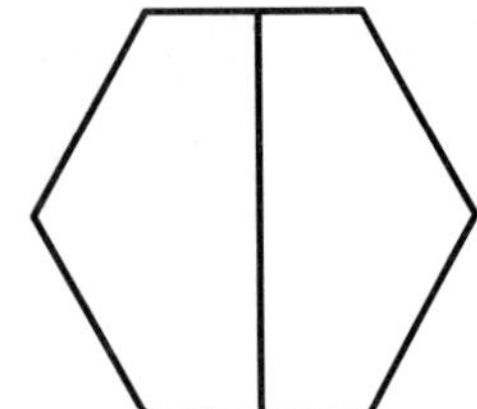

5.

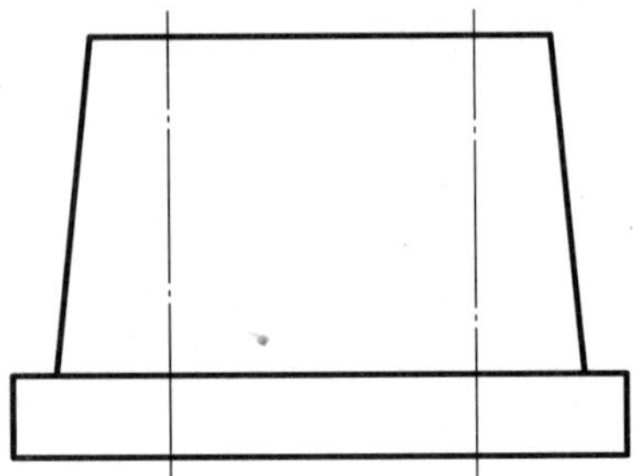

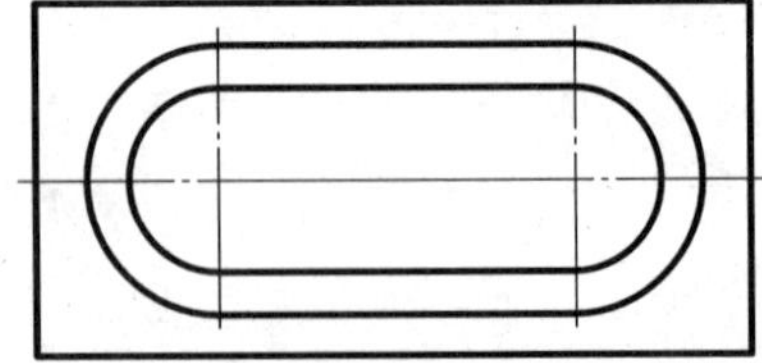

6.

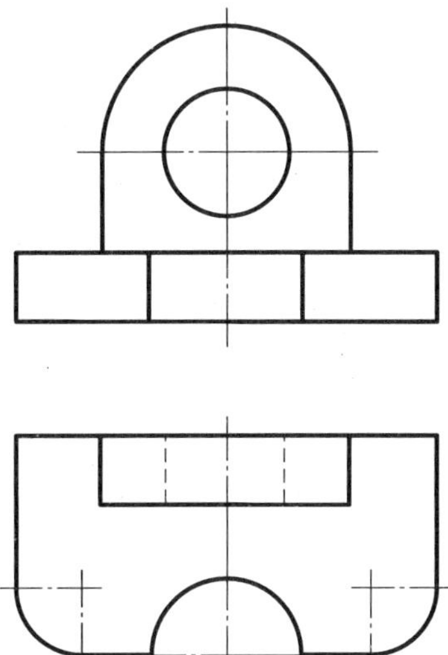

## 六、绘制形体的斜二测图

1.

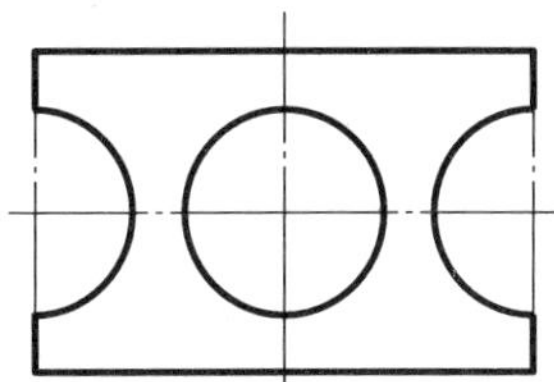

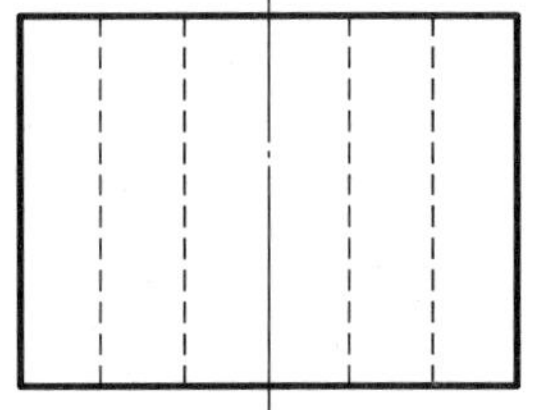

2.

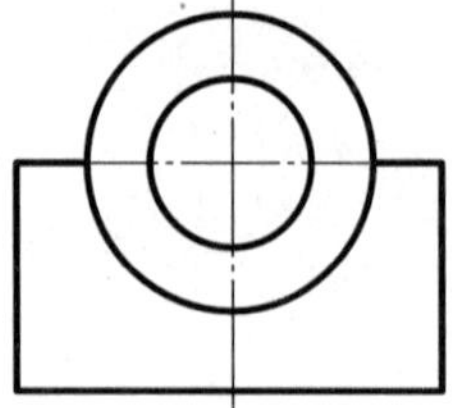

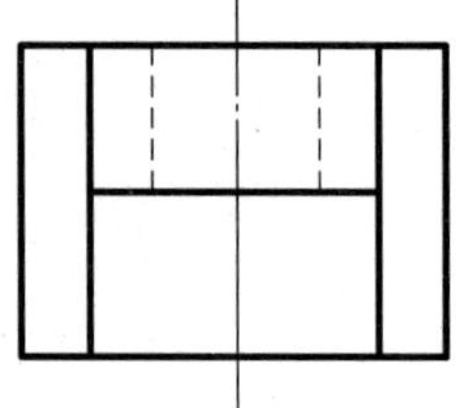

# 模块三　识读点、线、面的投影

## 课题一　点 的 投 影

### 一、填空题（请将正确答案填在空白处）

1．一点的两投影连线__________于相应的投影轴。

2．通常规定，空间点用__________字母表示，对应的投影用__________字母表示。

3．点的投影符合“__________、__________、__________”的投影规律。

4．在特殊情况下，点也可以处于投影面上或投影轴上。如果点的一个坐标为零，则点在相应的__________上。如果点的两个坐标为零，则点在__________上。如果点的三个坐标为零，则点与________________重合。

### 二、选择题（请在下列选项中选择一个正确答案并填在括号内）

空间点 $A$、$B$ 为重影点，$A$ 点在 $B$ 点正上方 5 个单位，则其 $H$ 面投影可表示为（　　）。

A．$ab$ 或 $a$（$b$）　　B．$ba$ 或 $b$（$a$）

C．$ba$ 或 $a$（$b$）　　D．$ab$ 或 $b$（$a$）

### 三、简答题

1．什么叫重影点？

2．特殊点的投影有哪几类，其特点是什么？

### 四、作图题

1．根据直观图作 $A$、$B$、$C$、$D$ 各点的两面投影图。

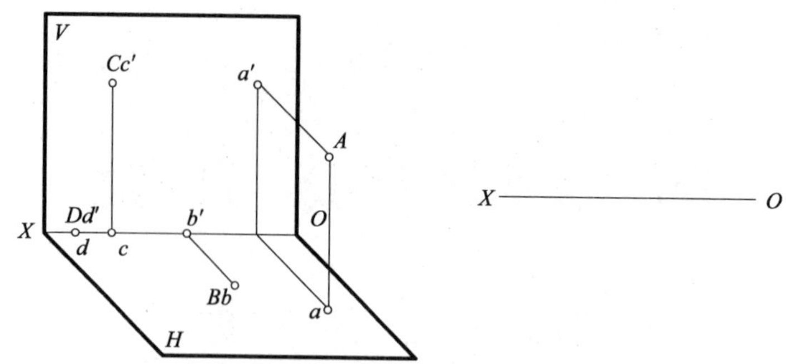


2．根据直观图作点 A 的三面投影图。

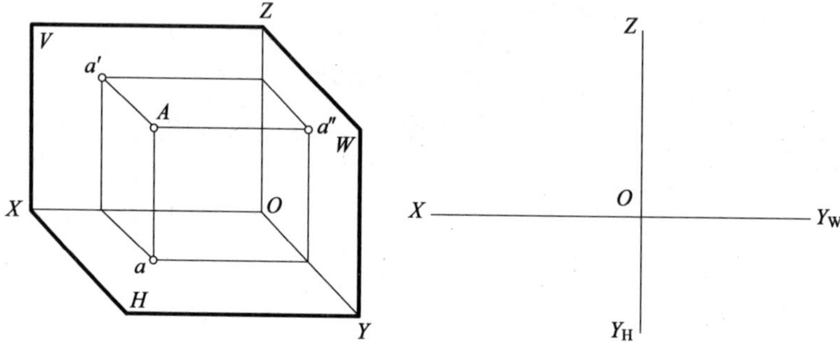


3．已知各点的两面投影，求第三面投影。

（1）

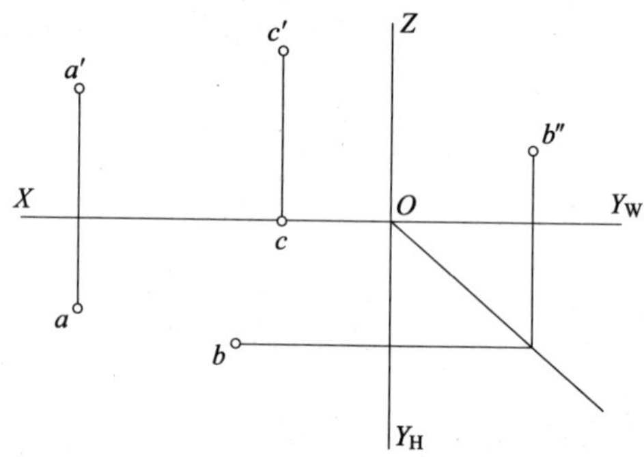


（2）

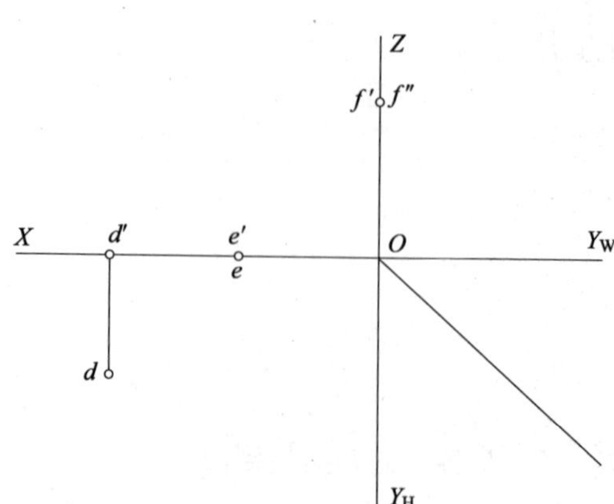

4. 已知点 $A$（20，15，20），点 $B$（15，0，10），点 $C$（30，10，5），作各点的直观图和投影图。

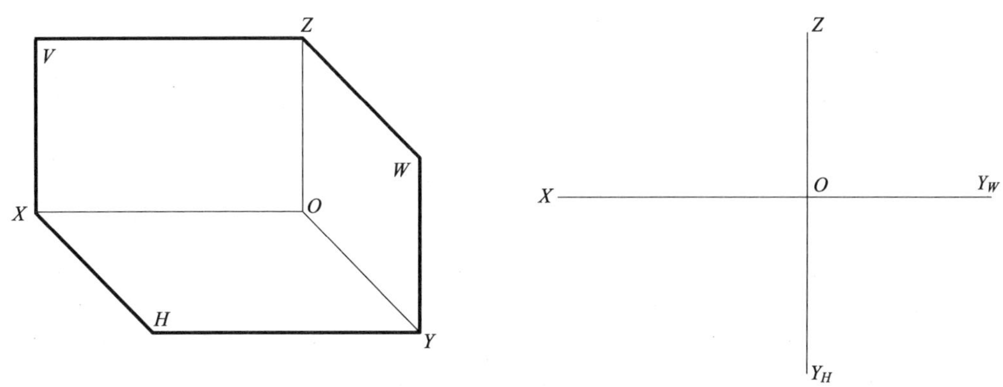


5. 已知 $A$、$B$ 两点同高，$B$ 在 $A$ 之右，$Aa'=20$ mm，$Bb'=10$ mm，且 $A$、$B$ 两点的 $H$ 面投影相距 50 mm，求 $A$、$B$ 两点的两面投影。

6. 补画出 $A$、$B$、$C$、$D$ 各点的侧面投影，标注重影点，并将各投影面上的重影点填在横线上。

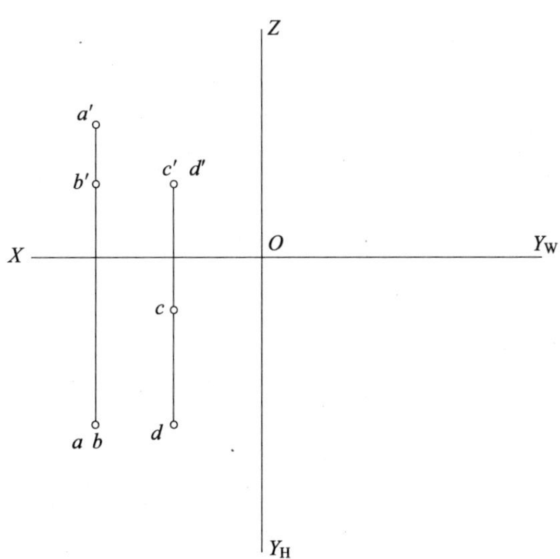

$H$ 面重影点：__________

$V$ 面重影点：__________

$W$ 面重影点：__________

## 课题二　线（直线、曲线）的投影

### 一、填空题（请将正确答案填在空白处）

1. 一条直线上所有点有两个同名坐标值相等，则空间直线为____________________。
2. 空间两直线的相对位置分为__________、__________和__________三种情况。

### 二、选择题（请在下列选项中选择一个正确答案并填在括号内）

1. 如果一条直线的三面投影都倾斜于投影轴，则空间直线为（　　）。
   A. 一般位置直线　　B. 投影面平行线
   C. 投影面垂直线
2. 投影面平行线的投影平行投影轴时，其投影的长度（　　）实长。
   A. 等于　　B. 大于
   C. 小于　　D. 小于或等于
3. 一条空间直线，其 $H$ 面投影积聚为一点，则其必是（　　）。
   A. 水平线　　B. 正平线
   C. 正垂线　　D. 铅垂线
4. 一条直线上所有点仅有一个同名坐标值相等，则空间直线为（　　）。
   A. 一般位置直线　　B. 投影面平行线
   C. 投影面垂直线
5. 空间两直线，其两同面投影平行，则这两直线位置关系为（　　）。
   A. 平行或相交　　B. 一定相交
   C. 一定平行

### 三、判断题（判断正误并在括号内填√或×）

1. 一般位置直线的三面投影都倾斜于投影轴，且反映实长。（　　）
2. 水平线是平行于 $H$ 面的直线。（　　）
3. 水平线在 $H$ 面的投影与 $X$ 轴的夹角，反映的是空间直线与 $W$ 面的夹角 $\gamma$。（　　）
4. 如果点分割线段成定比，则其投影也把线段的投影分成相同的比例，这就是点的定比分割特性。（　　）
5. 若空间两直线的同面投影均相交，则空间两直线必相交。（　　）

### 四、简答题

1. 投影面平行线有哪几种？简述投影面平行线的投影特性。

2. 投影面垂直线有哪几种？简述投影面垂直线的投影特性。

3. 简述两相交直线的判定方法。

**五、作图题**

1. 补出各线段的第三面投影，并注明是何种线段。

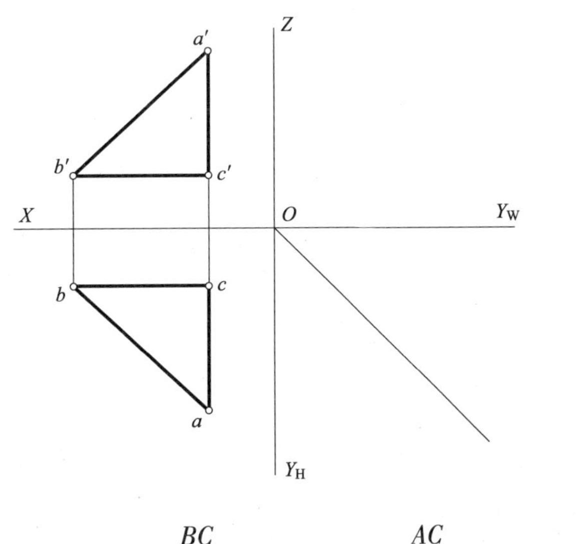


*AB* __________ *BC* __________ *AC* __________

2. 根据已知条件，求特殊位置直线的投影。

（1）已知 $CD /\!/ V$ 面，且距 $V$ 面 20 mm，求 $cd$。

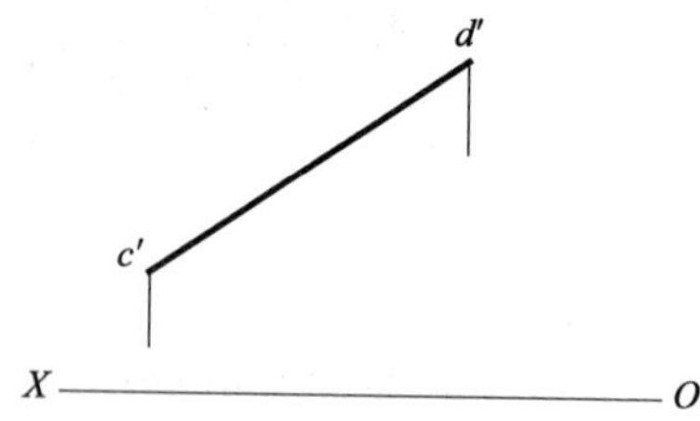


（2）已知 $a'b'$ 及 $a$，$\beta = 30°$，且 $B$ 在 $A$ 之后，求 $AB$ 的实长及 $ab$。

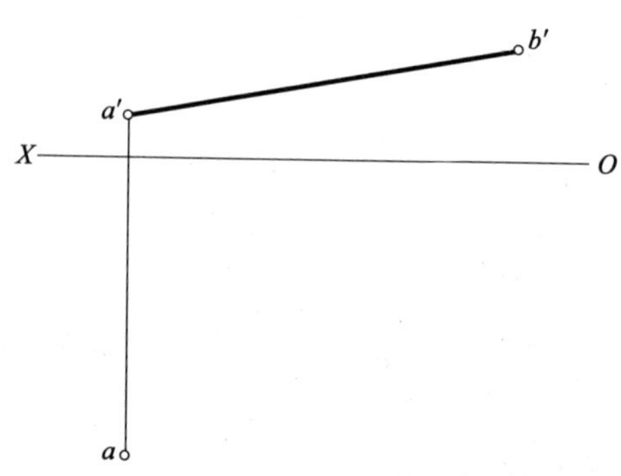

3．根据已知条件，完成下列各题。

（1）求 $AB$ 线段的实长及对 $H$、$V$ 面的夹角 $\alpha$、$\beta$。

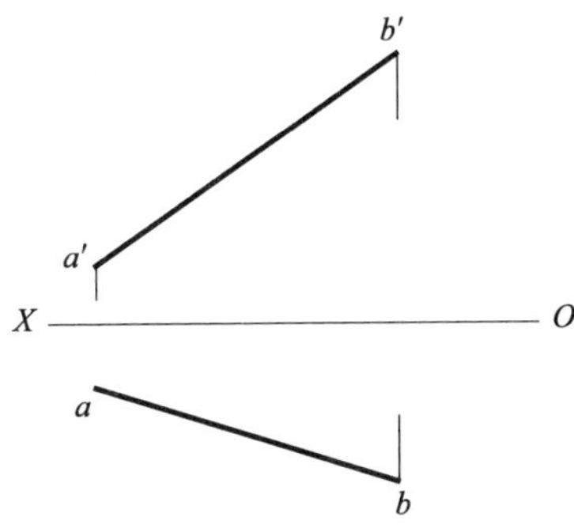


（2）已知线段 $AB$ 对 $H$ 面倾角为 30°，完成它的投影。

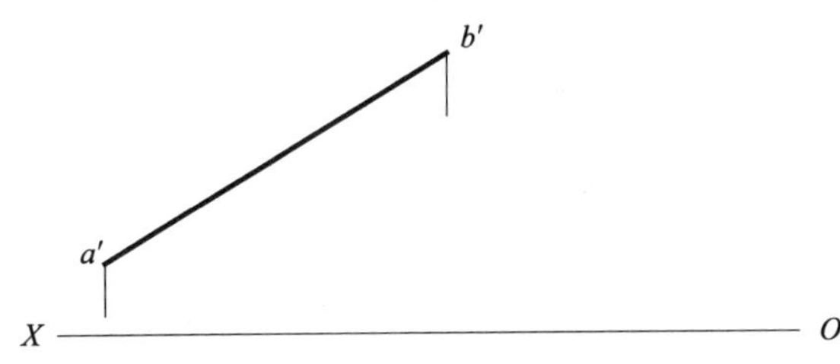

4. 在直线 $AB$ 上取一点 $C$，使 $AC:CB=3:4$。

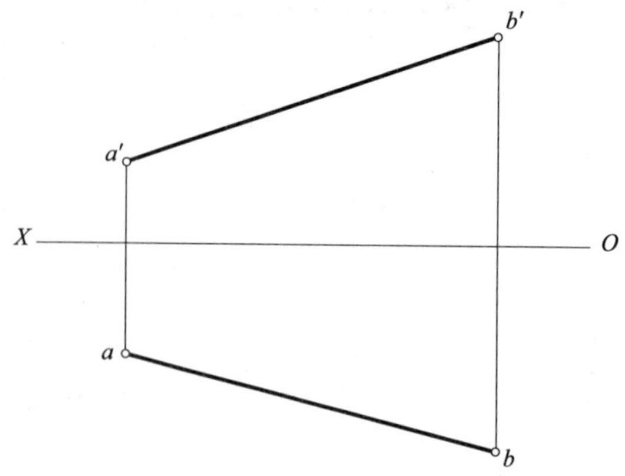


5. 在线段 $AB$ 上截取 $AC=20$ mm，求点 $C$ 的投影。

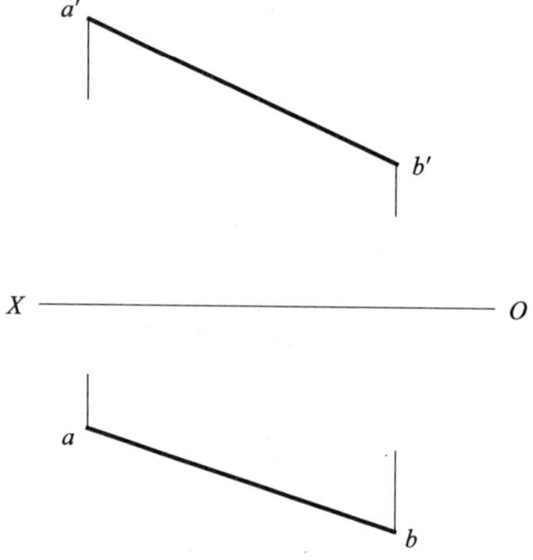


6. 已知线段 $AB$ 上点 $K$ 的水平投影 $k$，求 $k'$。

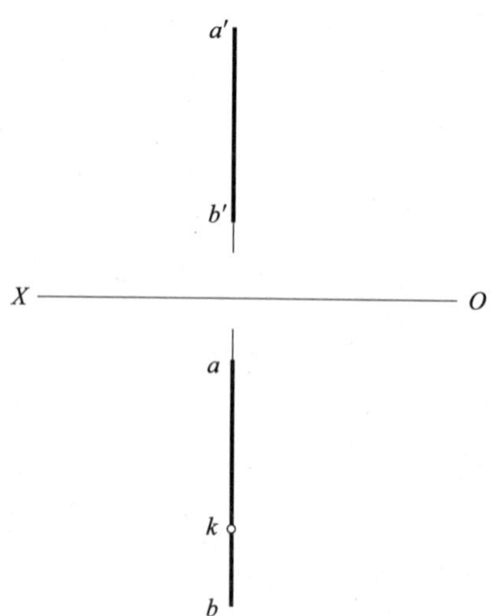

7. 作图判断点 $K$ 是否在线段 $AB$ 上。

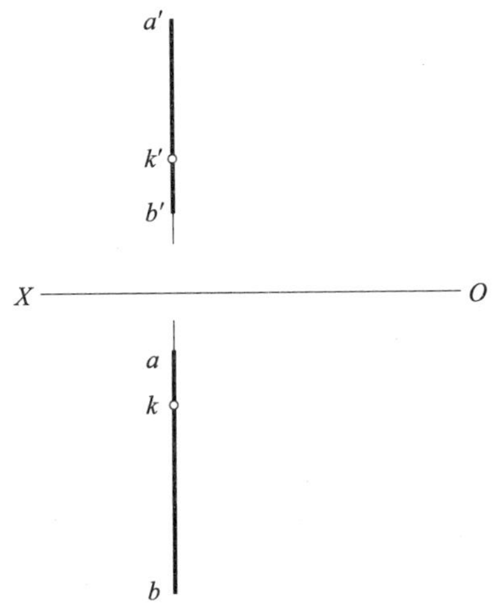


$K$ 点（　　）在线段 $AB$ 上

8. 判断下列各直线的相对位置（是重影线的指出被遮挡线）。

| （1） 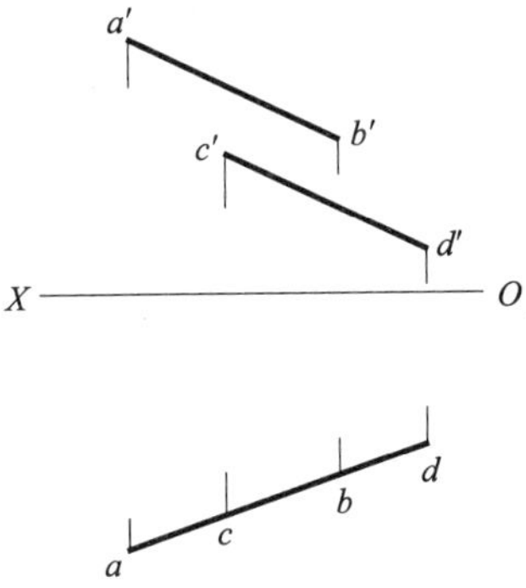 | （2） 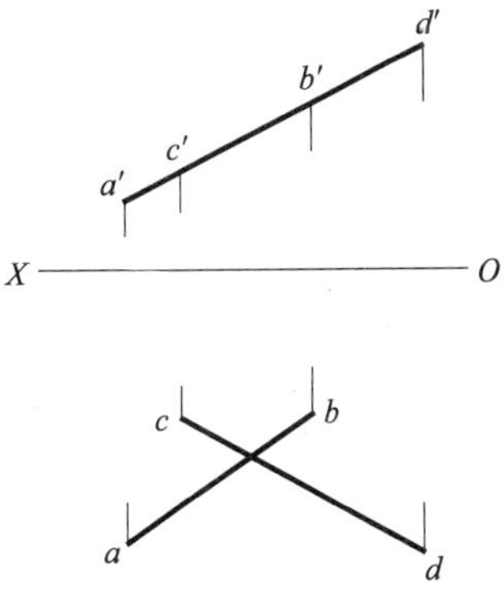 |
| --- | --- |
| 相对位置： | 相对位置： |
| （3） 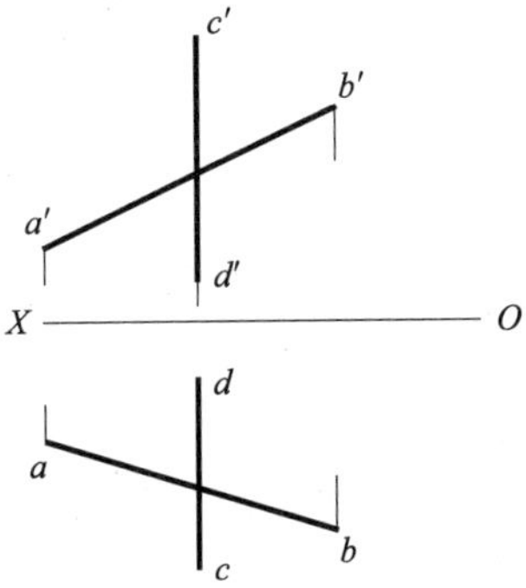 | （4） 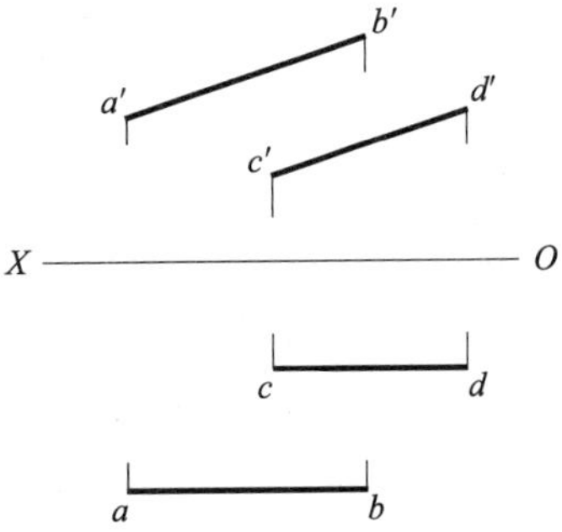 |
| 相对位置： | 相对位置： |

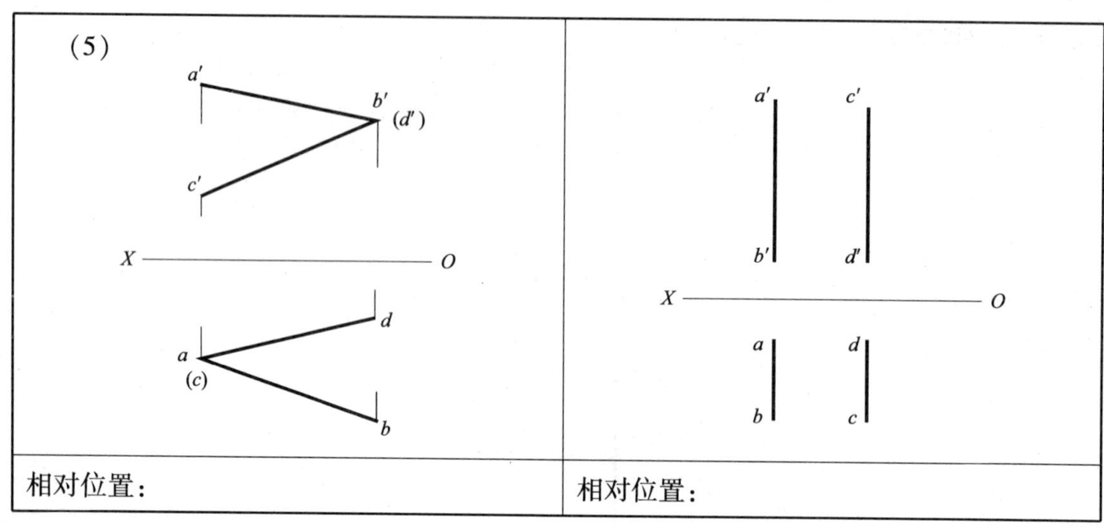


9．作正平线，使其与直线 *AB*、*CD* 均相交，且距 *V* 面为 20 mm。

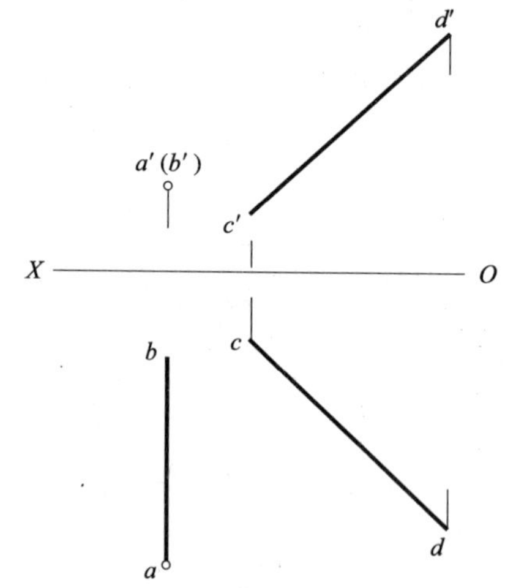


10．过点 *A* 作直线 *AB*∥*EF*，并判断直线 *AB* 与 *CD* 是否相交。

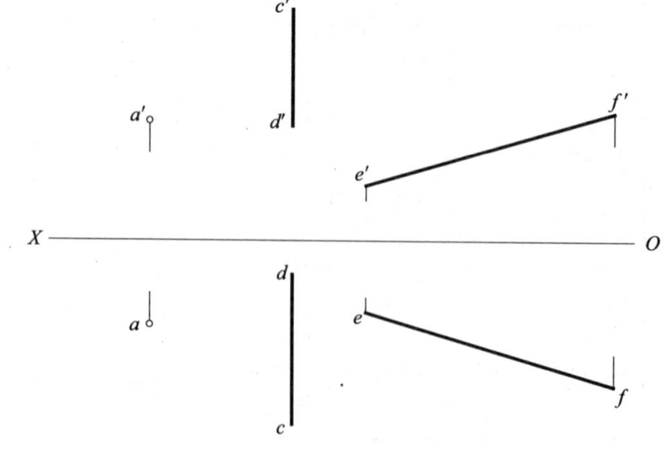


判断是否相交：（　　）

11. 判断两直线是否垂直（垂直的直线写出是垂直相交、垂直交叉）。

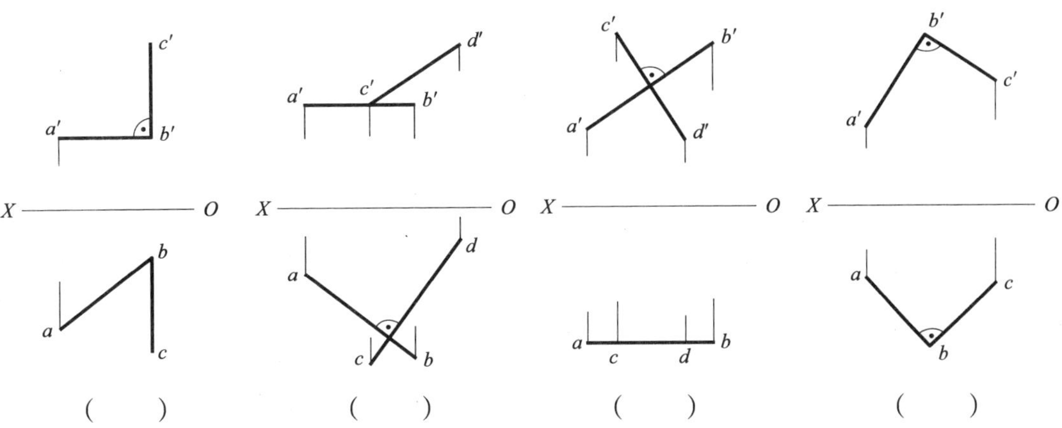


12. 过点 $A$ 作直线与直线 $CD$ 垂直相交，并求点到直线的距离。

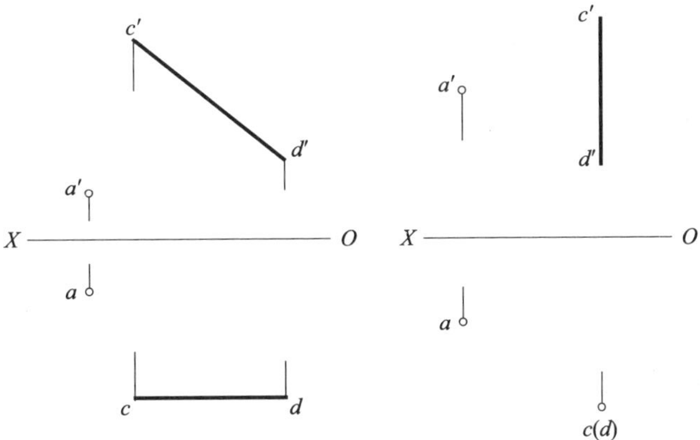


13. 判断交叉直线重影点的可见性。

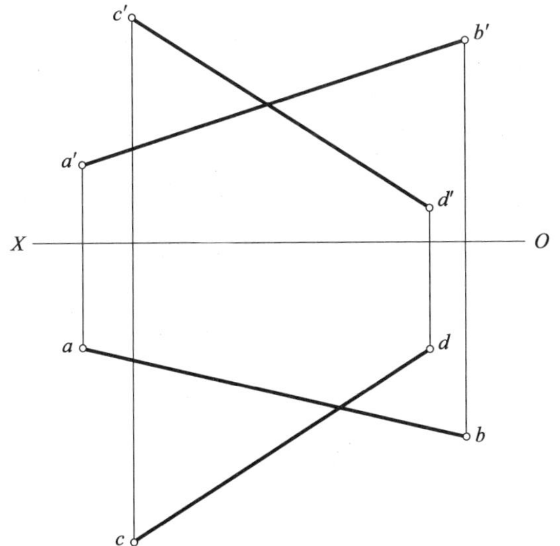

14. 已知平面 $ABCD$ 为矩形，完成其两面投影。

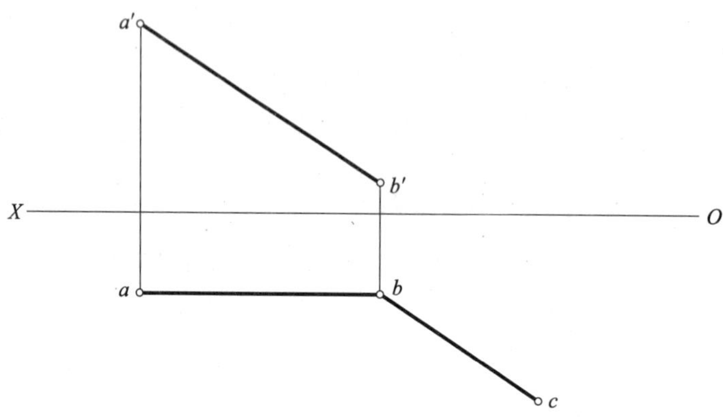


15. 已知等腰三角形 $ABC$，$C$ 在直线 $DE$ 上，$AB /\!/ V$，求作三角形 $ABC$ 的两面投影。

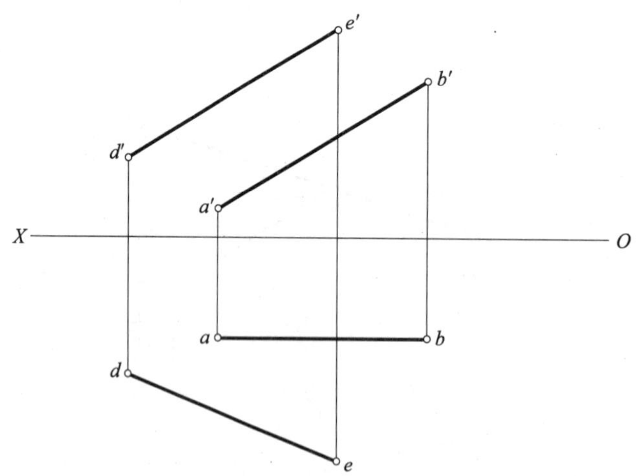

16. 求作一直线 $MN$ 平行于 $EF$ 且与 $AB$、$CD$ 相交。

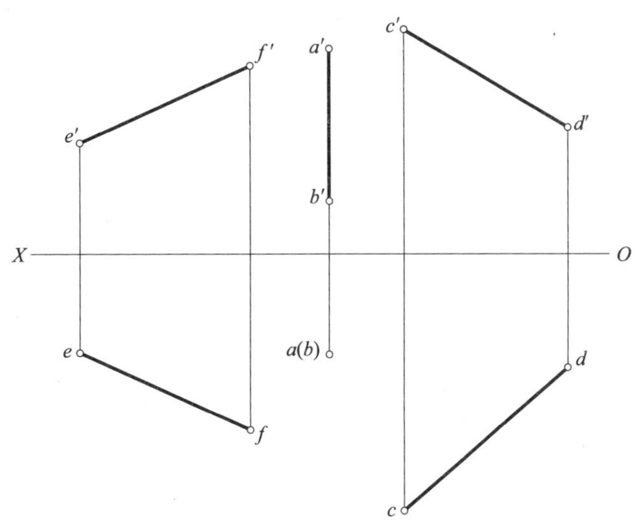


# 课题三 面（平面、曲面）的投影

## 一、填空题（请将正确答案填在空白处）

1. 某平面的三面投影图中，有两面积聚成与相应投影轴平行的直线，则此平面一定为____________________。

2. 某平面的三面投影图中，有一面积聚成与相应投影轴倾斜的直线，则此平面一定为____________________。

3. 两直线相交，则其任意两同面投影交点的连线，必__________于相应的投影轴。

4. 曲面是由运动的__________绕着固定的__________运动形成的。

## 二、选择题（请在下列选项中选择一个正确答案并填在括号内）

1. 投影面平行面在它所平行的投影面上的投影（　　）。

A. 大于实形　　B. 反映实形

C. 小于实形　　D. 成一条直线

2. 投影面垂直面在它所垂直的投影面上的投影积聚成一条直线，且与相应的投影轴（　　）。

A. 平行　　B. 垂直

C. 夹角反映真实倾角　　D. 交叉

3. 某平面的三面投影均不积聚成直线，则一定为（　　）。

A. 一般位置面　　B. 投影面平行面

C. 投影面垂直面

4. 如果一平面上的两条相交直线与另一平面上的两条相交直线对应平行，则两平面

(　　)。

A. 一定平行　　B. 一定相交

C. 一定垂直　　D. 可能平行

**三、判断题（判断正误并在括号内填√或×）**

1. 垂直于某一投影面的平面称为投影面垂直面。　(　　)

2. 投影面平行面在它平行的投影面上的投影反应实形。　(　　)

**四、简答题**

1. 投影面平行面有哪几种？简述投影面平行面的投影特性。

2. 投影面垂直面有哪几种？简述投影面垂直面的投影特性。

**五、作图题**

1. 求下列各平面的第三面投影，并判定各平面与投影面的相对位置。

(1)

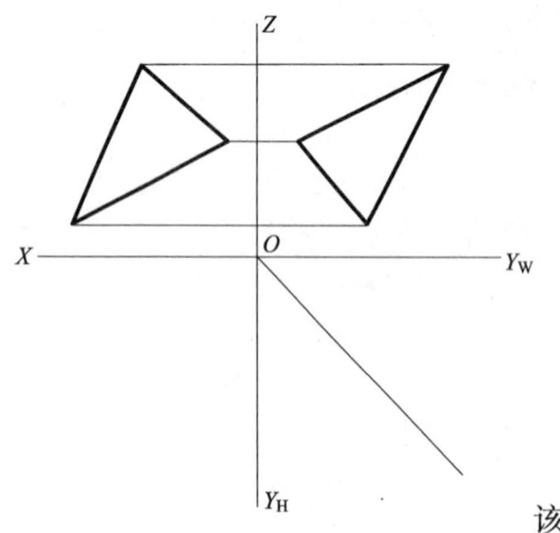


该平面是__________

（2）

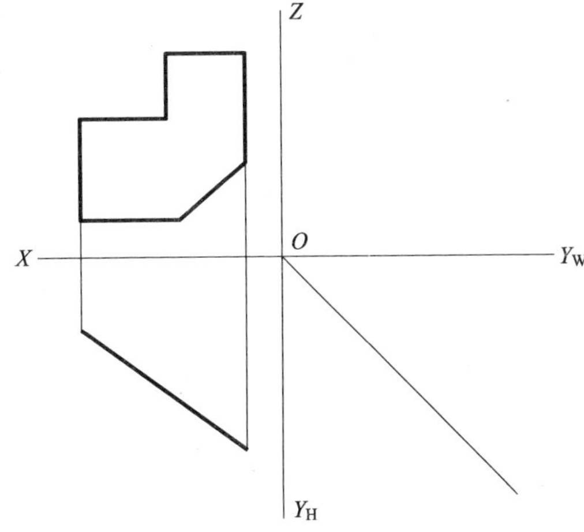


该平面是__________

（3）

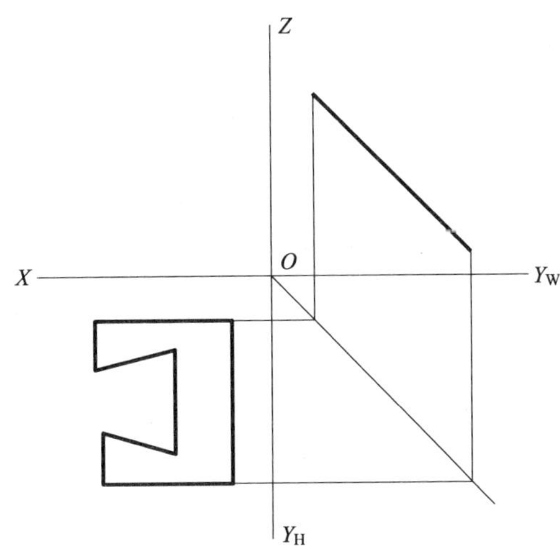


该平面是__________

2. 求三角形 *ABC* 对 *H* 面的倾角 $\alpha$。

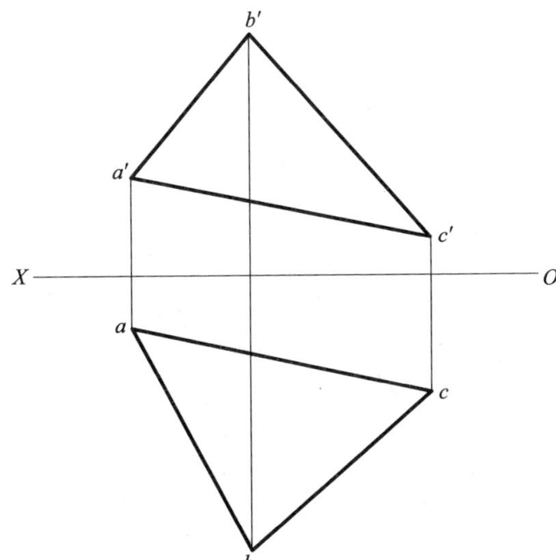

3．在三角形平面上取一点 *D*，要求 *D* 点距 *V*、*H* 面分别为 25 mm、20 mm。

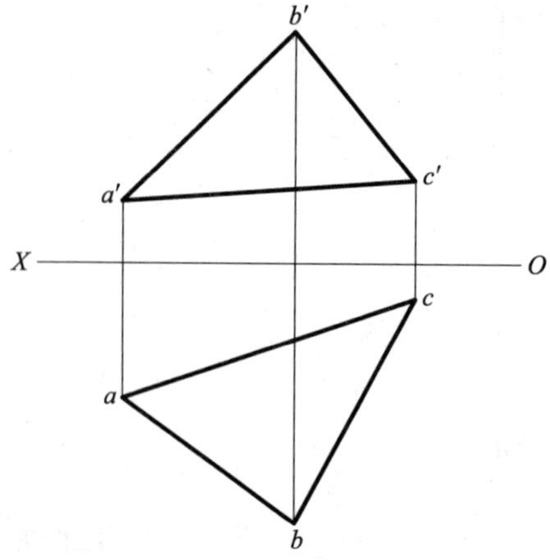


4．求平面 *ABC* 内直线 *MN* 的 *H* 面投影。

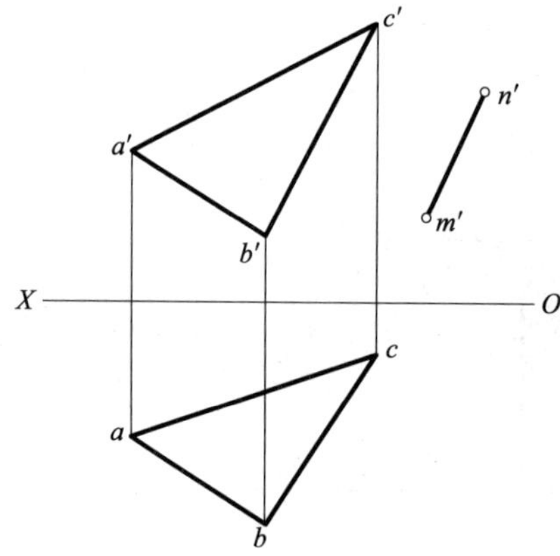


5．完成五边形 *ABCDE* 的 *V* 面投影。

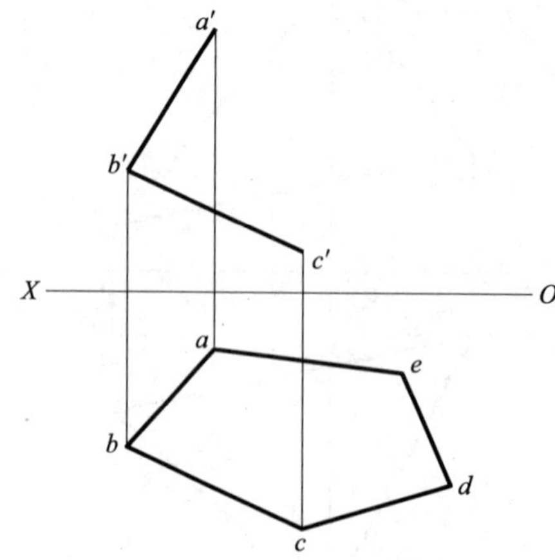

6. 已知三角形 *ABC* 是侧垂面，完成其 *H* 面投影。

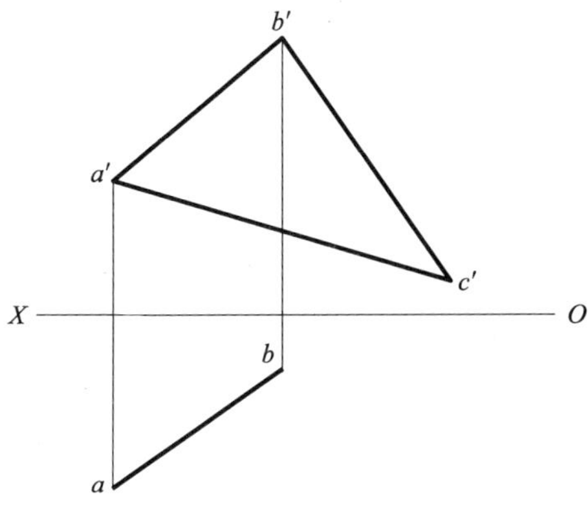


7. 已知四边形 *ABCD* 的 *BC* 边平行于 *H* 面，完成其投影。

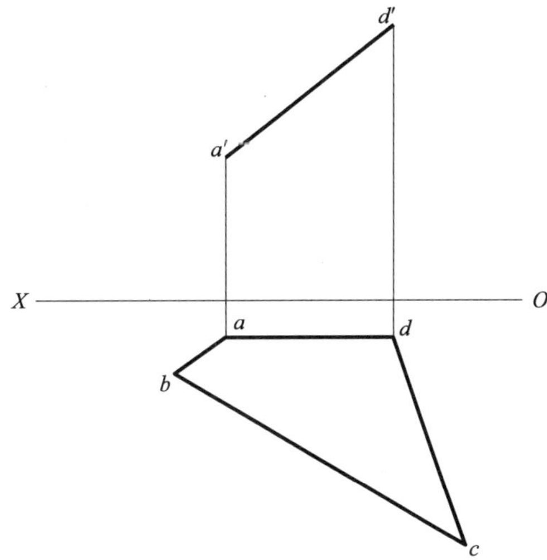


8. 过 *D* 点做水平线 *DE* 平行于平面 *ABC*。

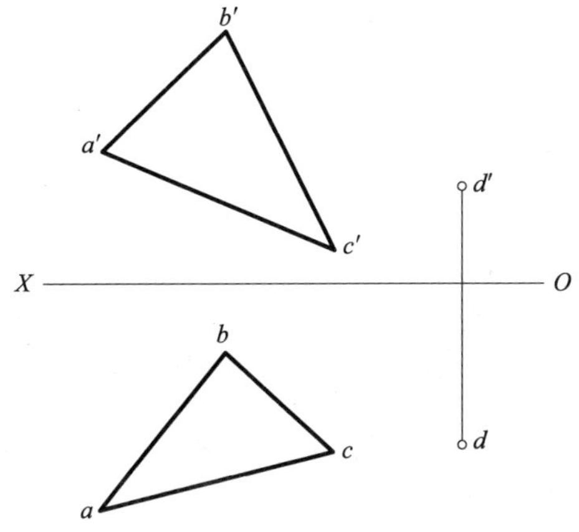

9．过 *D* 点做平面，使之平行于平面 *ABC*。

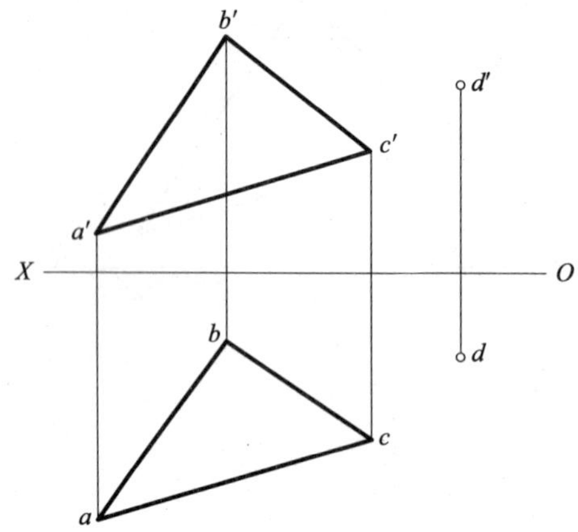


10．求直线 *AB* 与平面 *DEF* 的交点，并判断可见性。

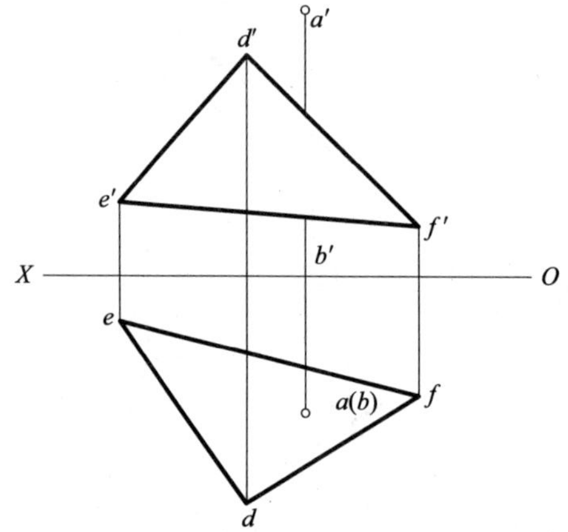


11．求平面 *ABC* 与 *DEFG* 的交点，并判断可见性。

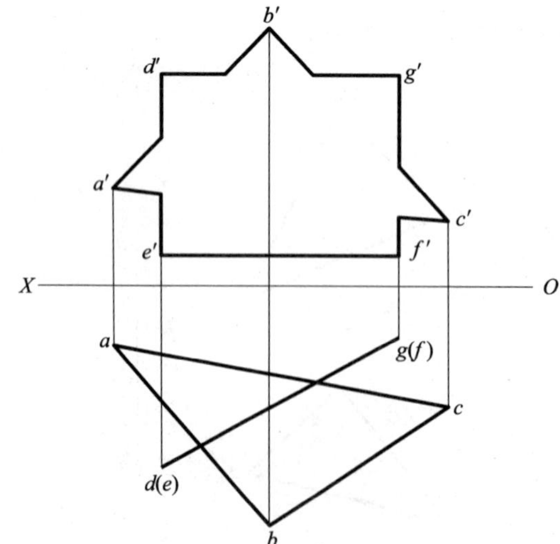

12. 求作曲面立体表面上点和线的两面投影。

(1)

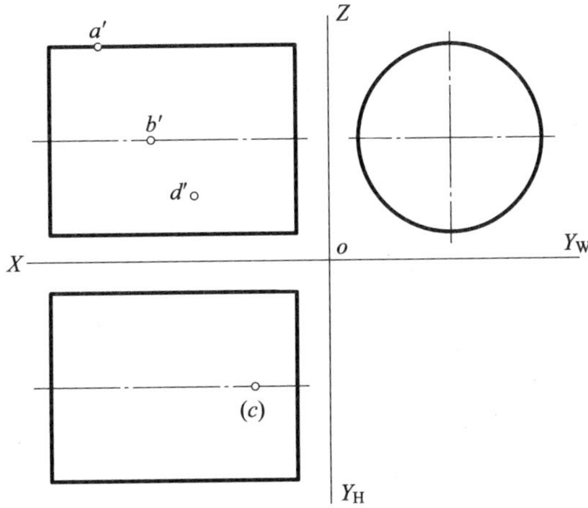


(2)

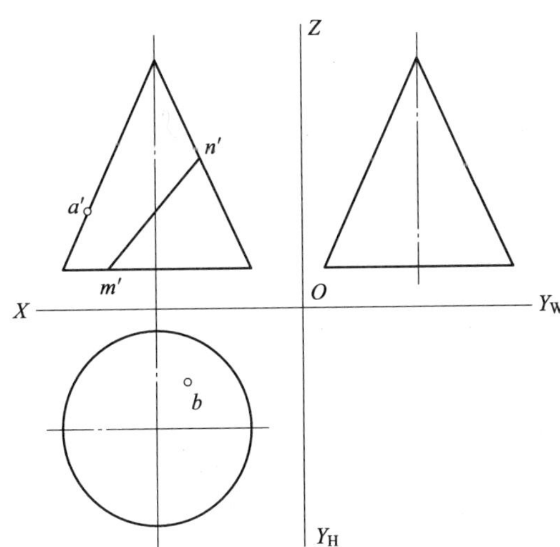

# 模块四　识读立体的投影与尺寸标注

## 课题一　平面立体的投影

### 一、填空题（请将正确答案填在空白处）

1．常见的平面立体有____________、____________。

2．截交线为__________的平面图形。

3．一个平面体，如果有一个面是多边形，其余各面是有一个______________的三角形，就称为棱锥体，这个多边形称为______________，各个三角形就是棱锥的__________。如果底面为正多边形，棱锥体的高通过底面多边形的中心，称为______________。

### 二、作图题

1．已知立体的两面投影，求作第三面投影及表面上点、线段的另两面投影。

（1）

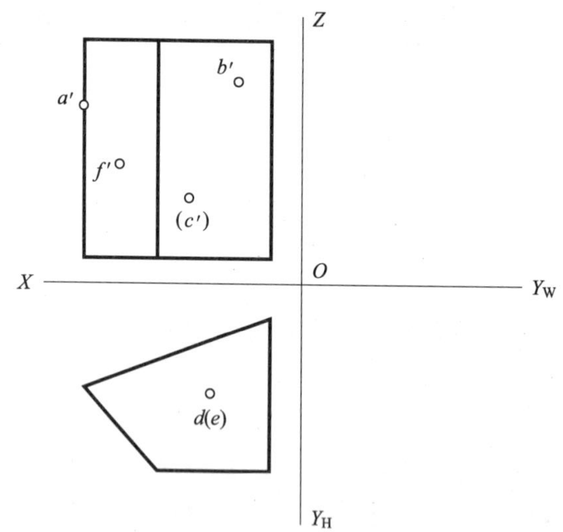

(2)

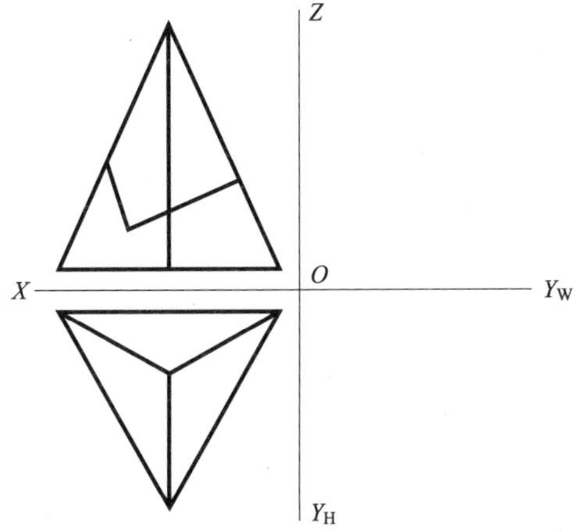


(3)

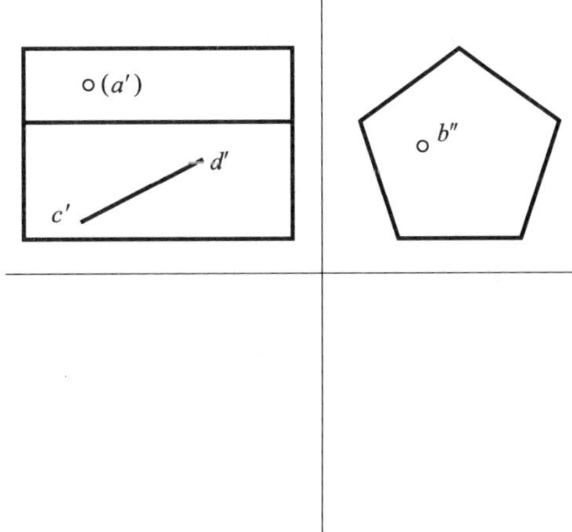


2. 补全三棱柱穿孔后的三面投影图。

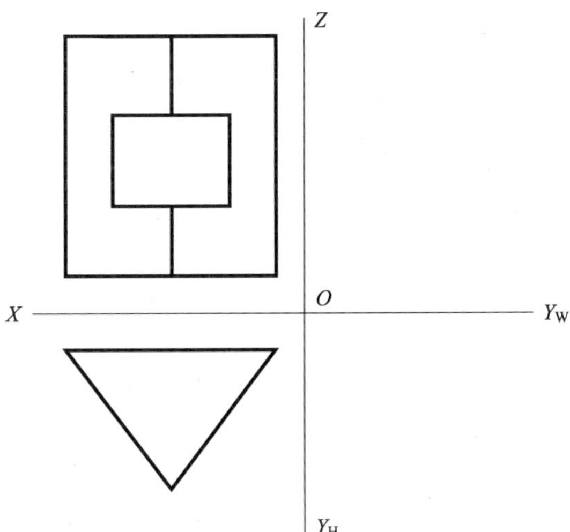

3. 补全四棱柱截切后的三面投影图。

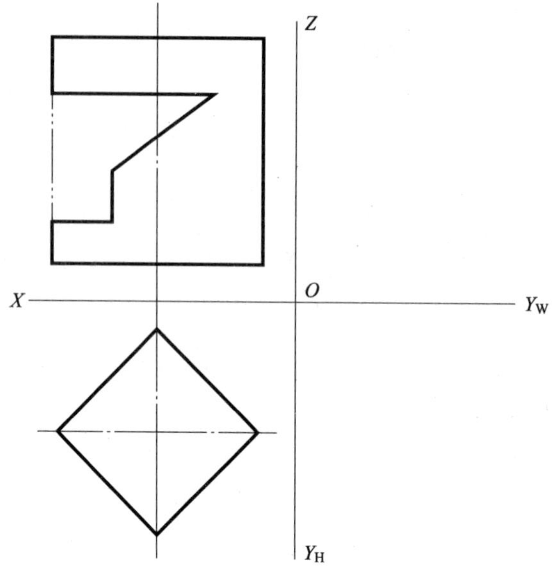


4. 补全三棱锥截切后的三面投影图。

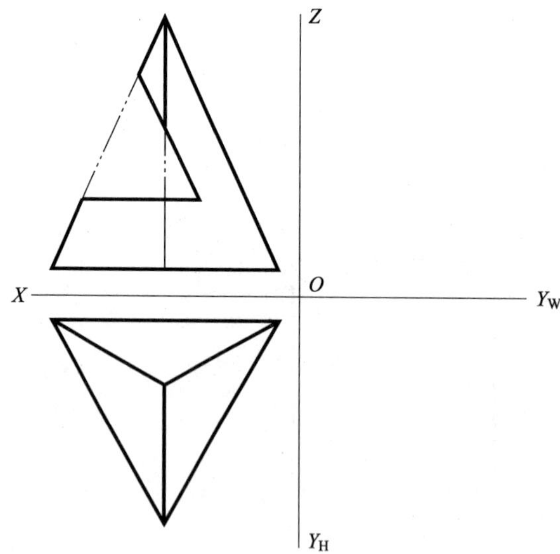

5. 补全四棱锥截切后的三面投影图。

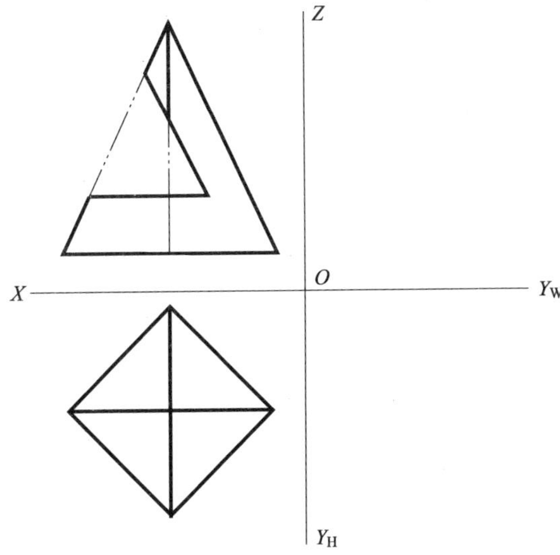


6. 作正六棱柱被切割后的侧面投影。

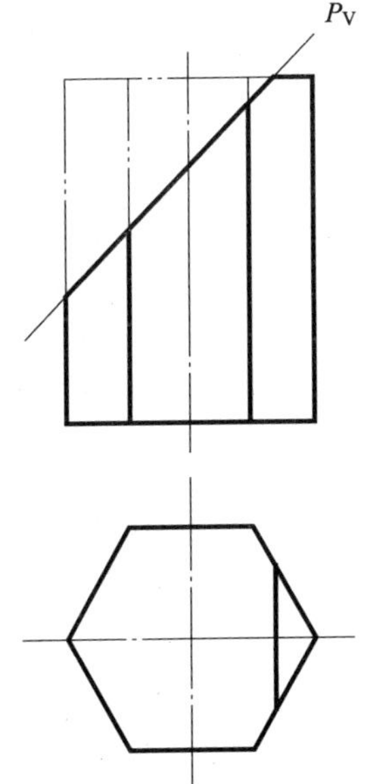

7. 完成三棱锥被切割后的水平投影，并作其侧面投影。

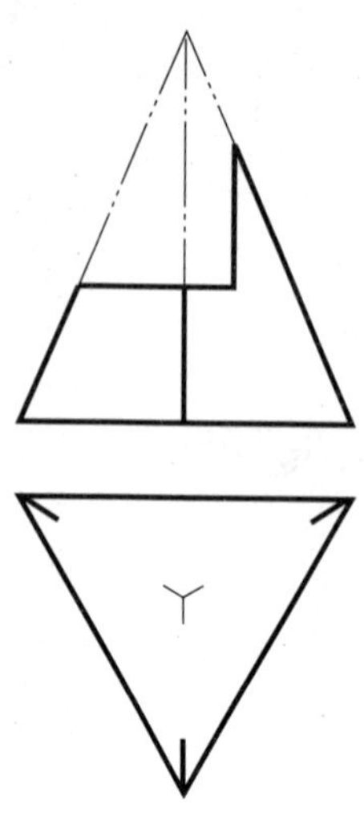

8. 完成四棱柱被切割后的水平投影。

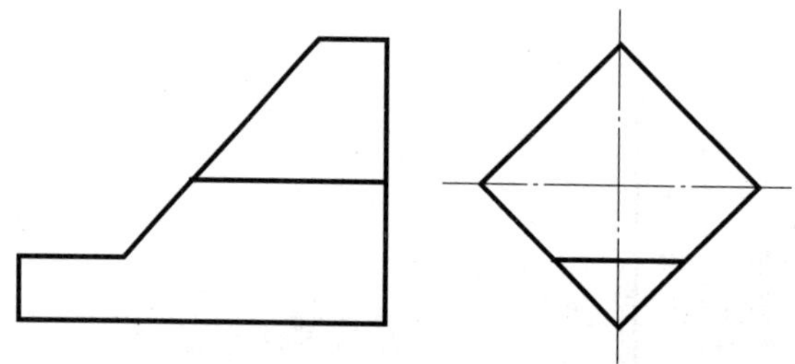

9. 补画下图所示物体的水平投影。

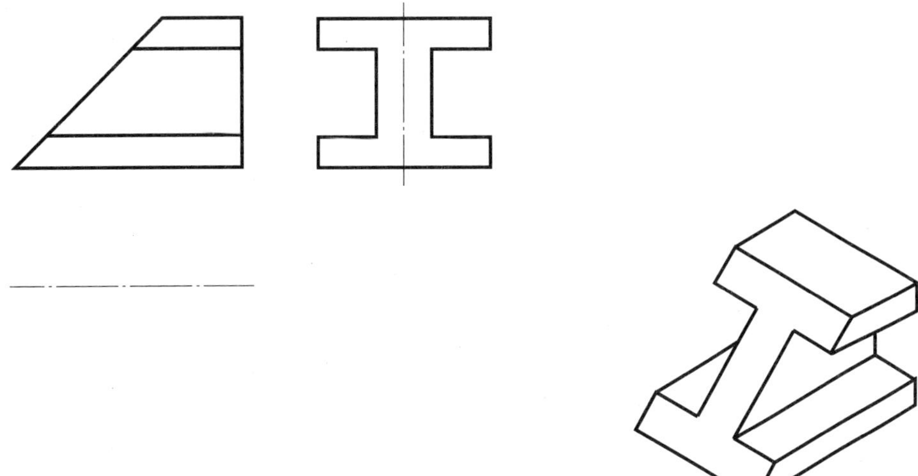

## 课题二　平面与曲面立体相交

### 一、选择题（请在下列选项中选择一个正确答案并填在括号内）

1. 平面与圆柱相交时，截交线最多有（　　）种形状。

   A. 5　　　　B. 4　　　　C. 3　　　　D. 2

2. 平面与圆锥相交时，截交线最多有（　　）种形状。

   A. 2　　　　B. 3　　　　C. 4　　　　D. 5

### 二、作图题

1. 补全圆柱截切后的 $H$、$W$ 面投影。

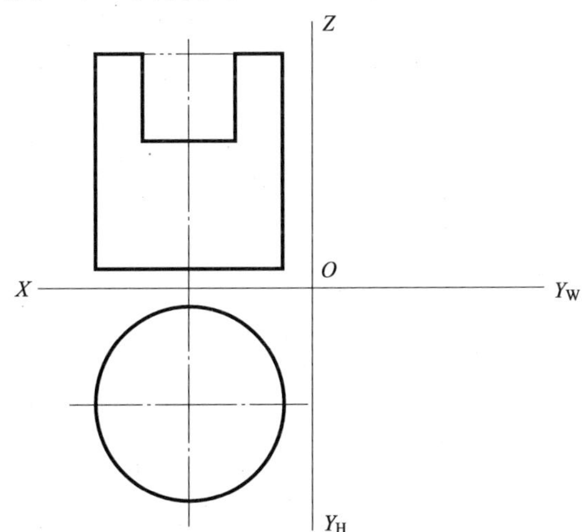

2. 补全圆柱截切后的 $H$、$W$ 面投影。

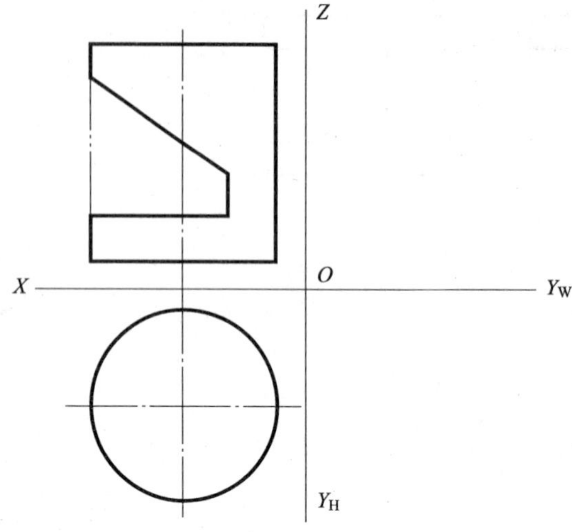


3. 完成圆柱切割后的第三面投影。

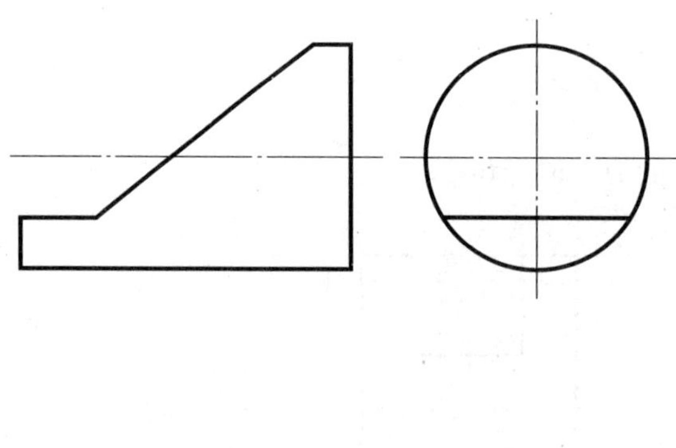

4. 完成圆柱切割后的第三面投影。

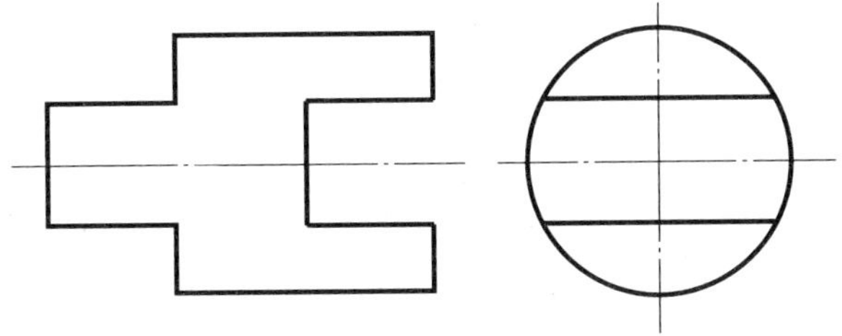

5. 补全圆锥体截切后的 $H$、$W$ 面投影。

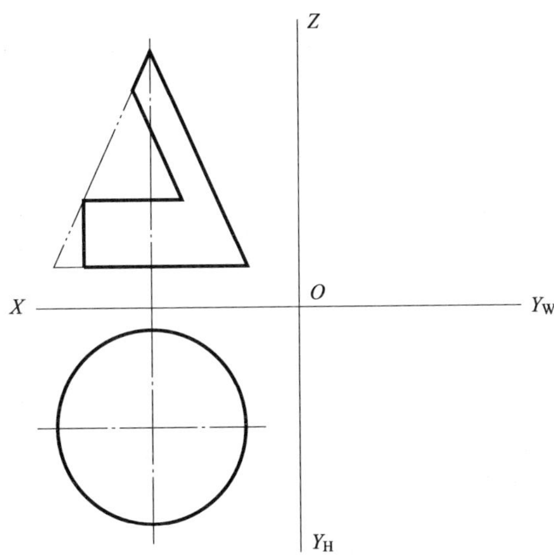

6. 补全圆锥截切后的 $H$、$W$ 面投影。

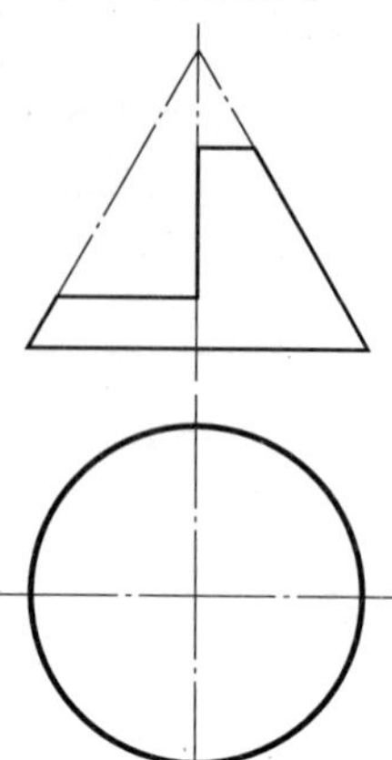

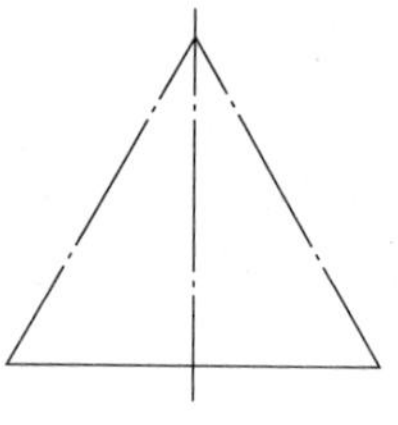

7. 完成圆锥被切割后的水平投影和侧面投影。

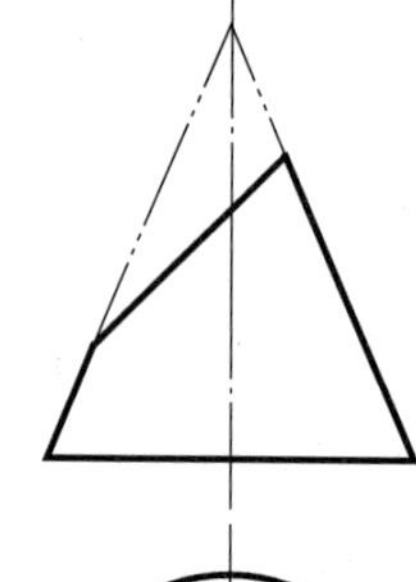

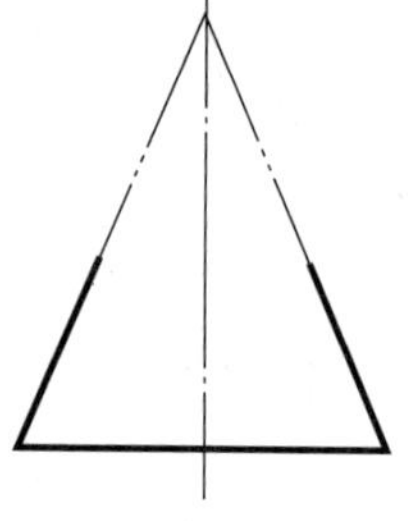

8. 补全球体截切后的 $H$、$W$ 面投影。

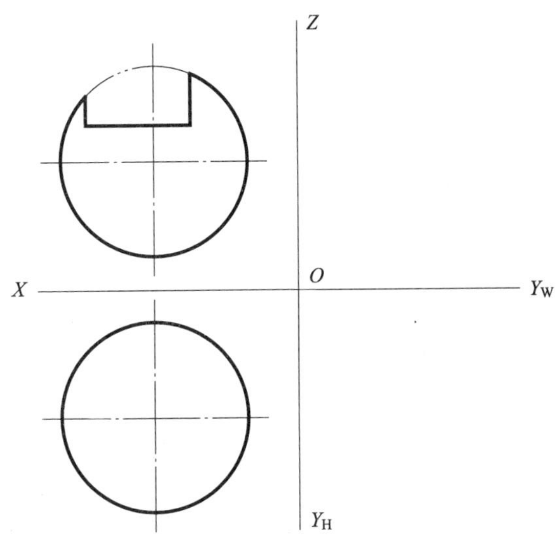


# 课题三　组合体的投影

## 一、填空题（请将正确答案填在空白处）

1. 工程构筑物的形状虽然复杂，但一般是由一些基本体经过叠加、切割或相交等形式组合而成，称为＿＿＿＿＿＿。

2. 组合体的组合形式可分为＿＿＿＿＿＿、＿＿＿＿＿＿、＿＿＿＿＿＿等几种方式。

3. 形体之间的表面连接关系一般可分为＿＿＿＿＿＿、＿＿＿＿＿＿、＿＿＿＿＿＿和＿＿＿＿＿＿四种情况。

4. 为了便于画图和读图，通过分析可将组合体分解成若干个＿＿＿＿＿＿，并分析它们的＿＿＿＿＿＿＿＿、＿＿＿＿＿＿＿＿以及＿＿＿＿＿＿＿＿的方法，称为形体分析法。它是＿＿＿＿＿＿、＿＿＿＿＿＿＿＿和＿＿＿＿＿＿＿＿的基本方法。

## 二、作图题

1. 已知立体的两面投影，求作第三面投影。

(1)

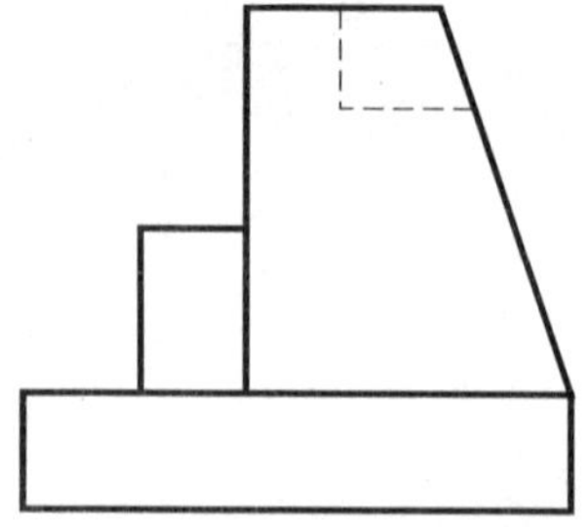

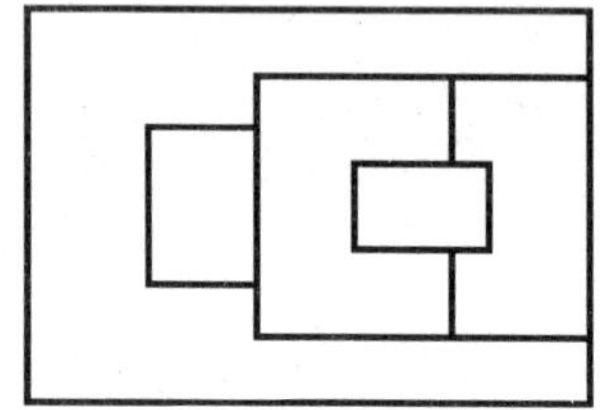

(2)

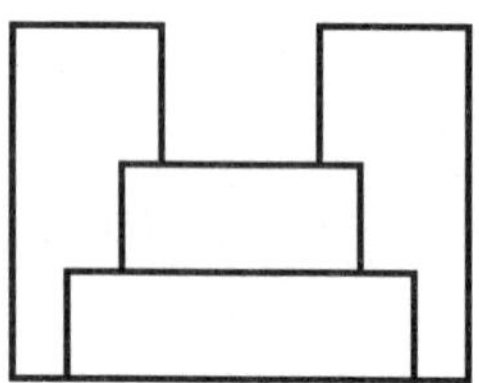

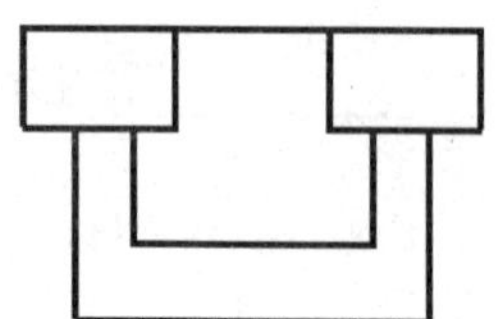

(3)

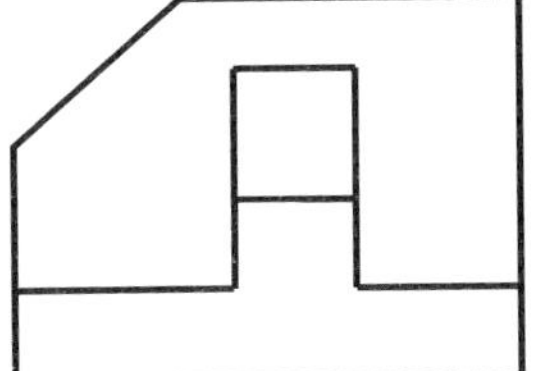

(4)

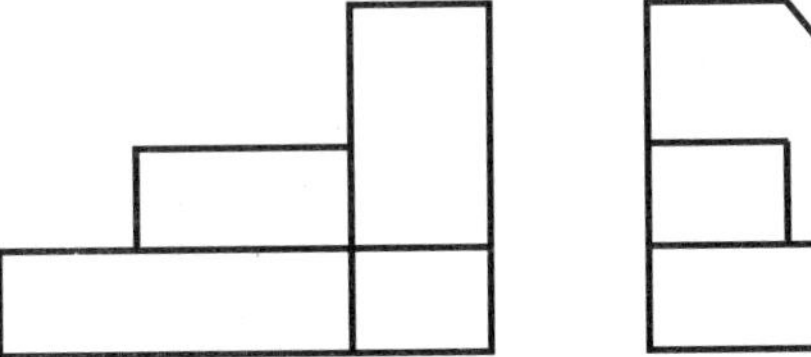

(5)

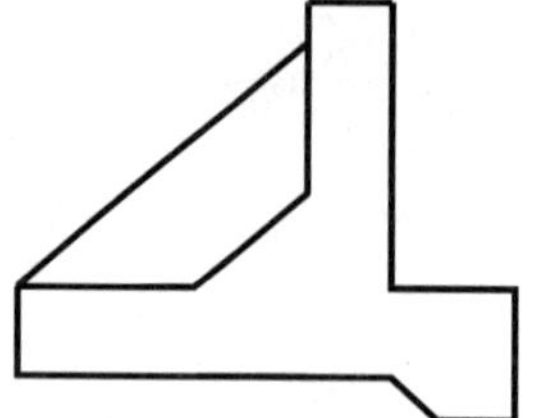

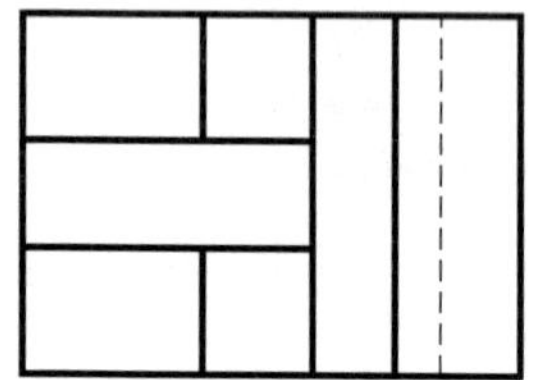

(6)

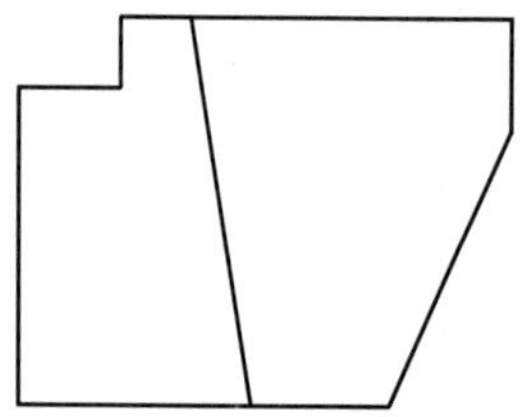

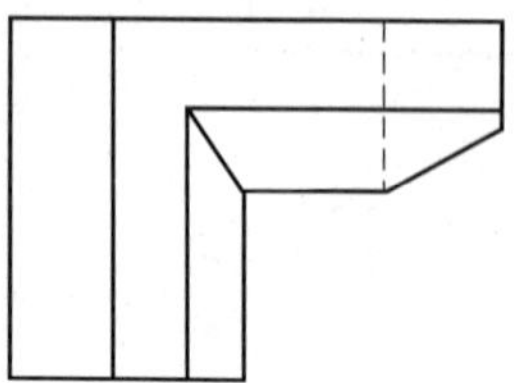

2. 根据一面投影，构思物体的空间形状，并完成不同的三面投影图。

（1）

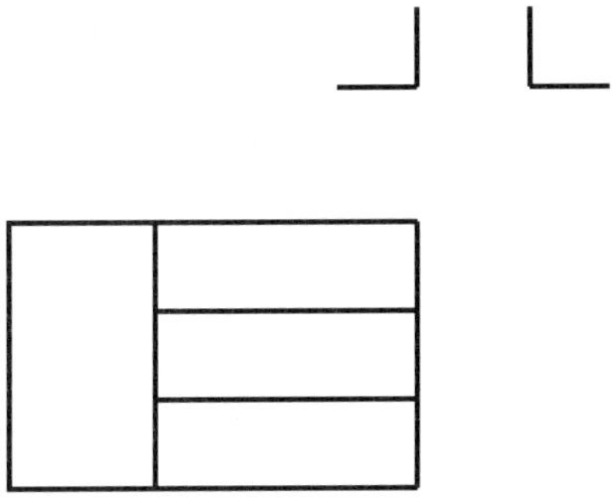

（2）

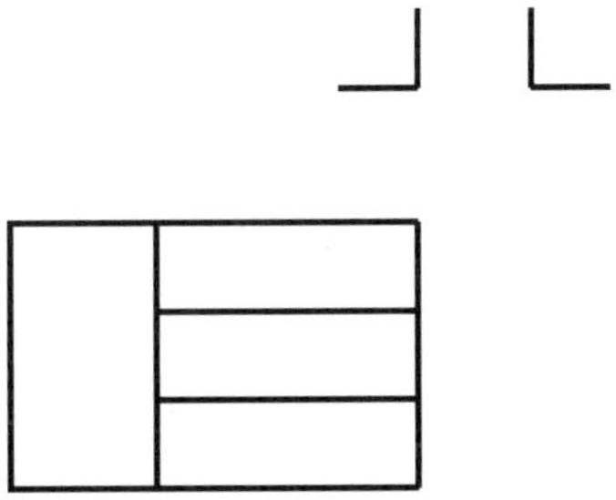

(3)

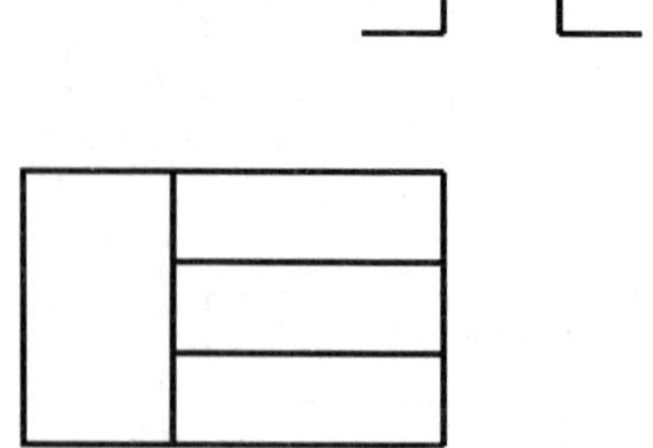

(4)

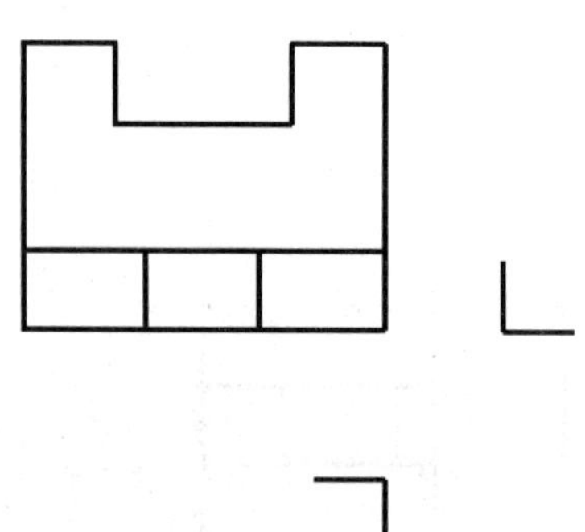

(5)

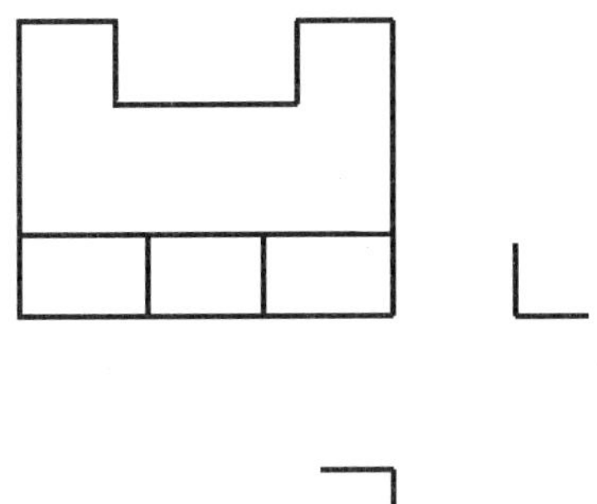

(6)

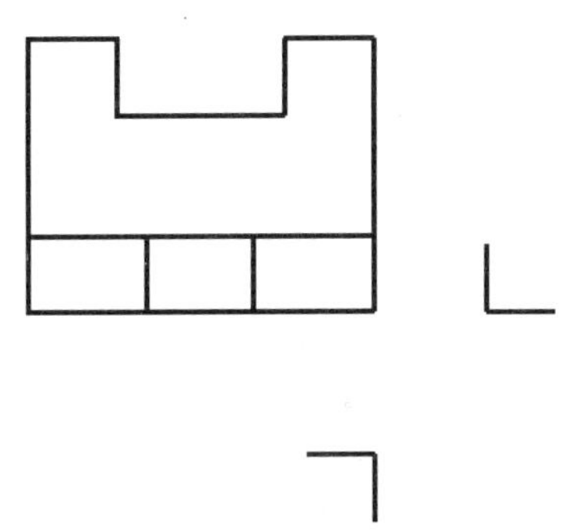

3. 补画组合体三面投影中所缺漏的图线。

(1)

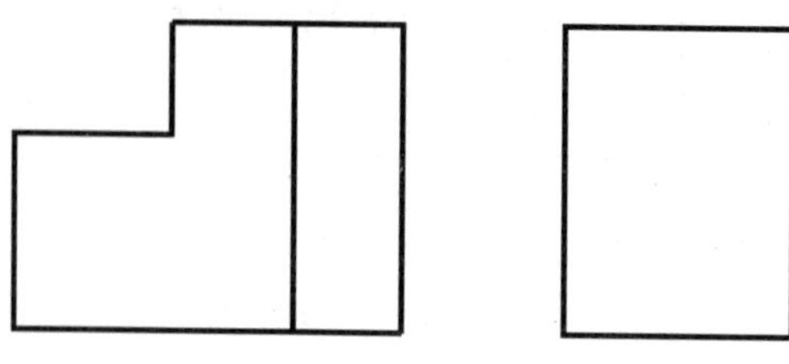

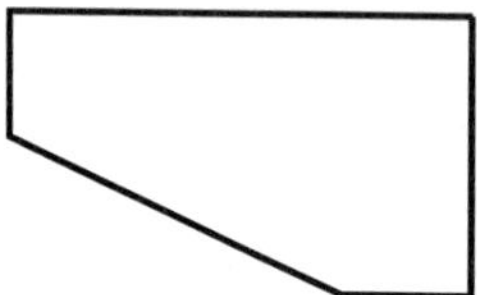

(2)

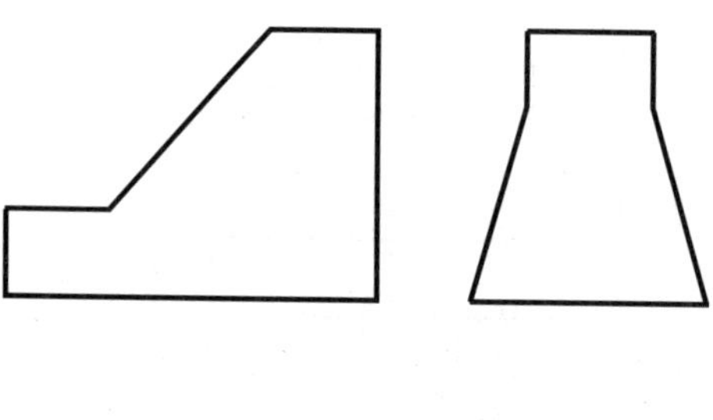

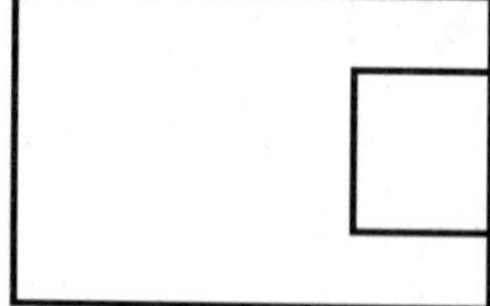

(3)

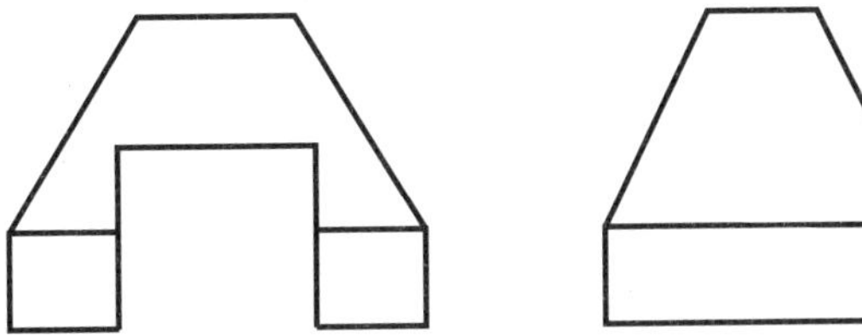

(4)

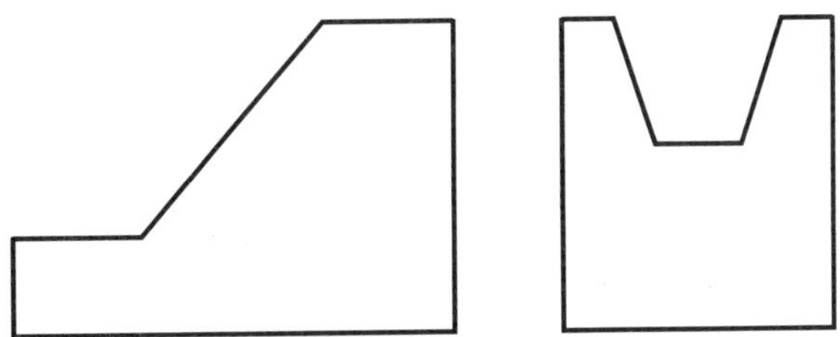

(5)

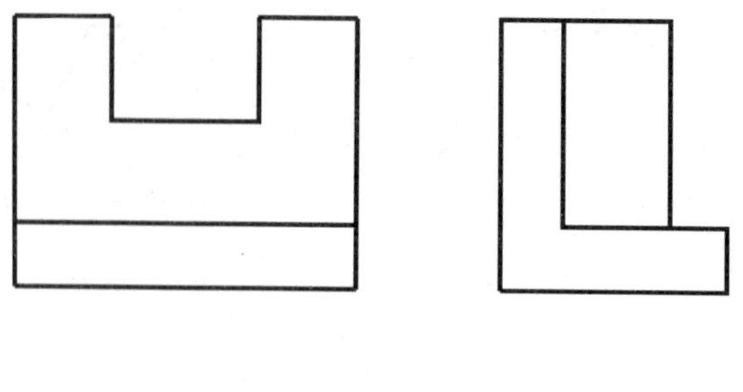

(6)

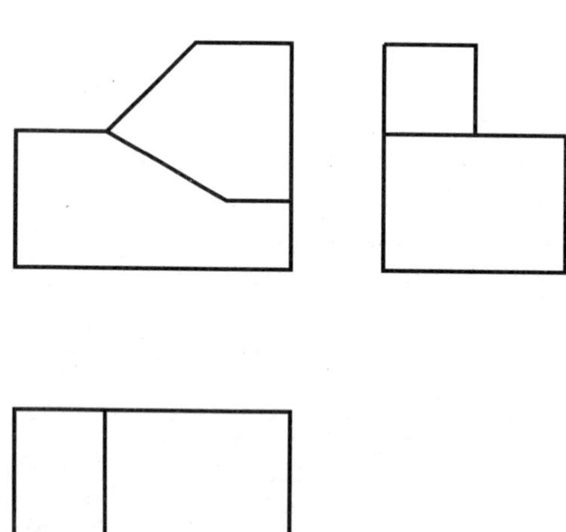

4. 根据轴测图，按所注尺寸 1∶1 比例画组合体三视图。

（1）

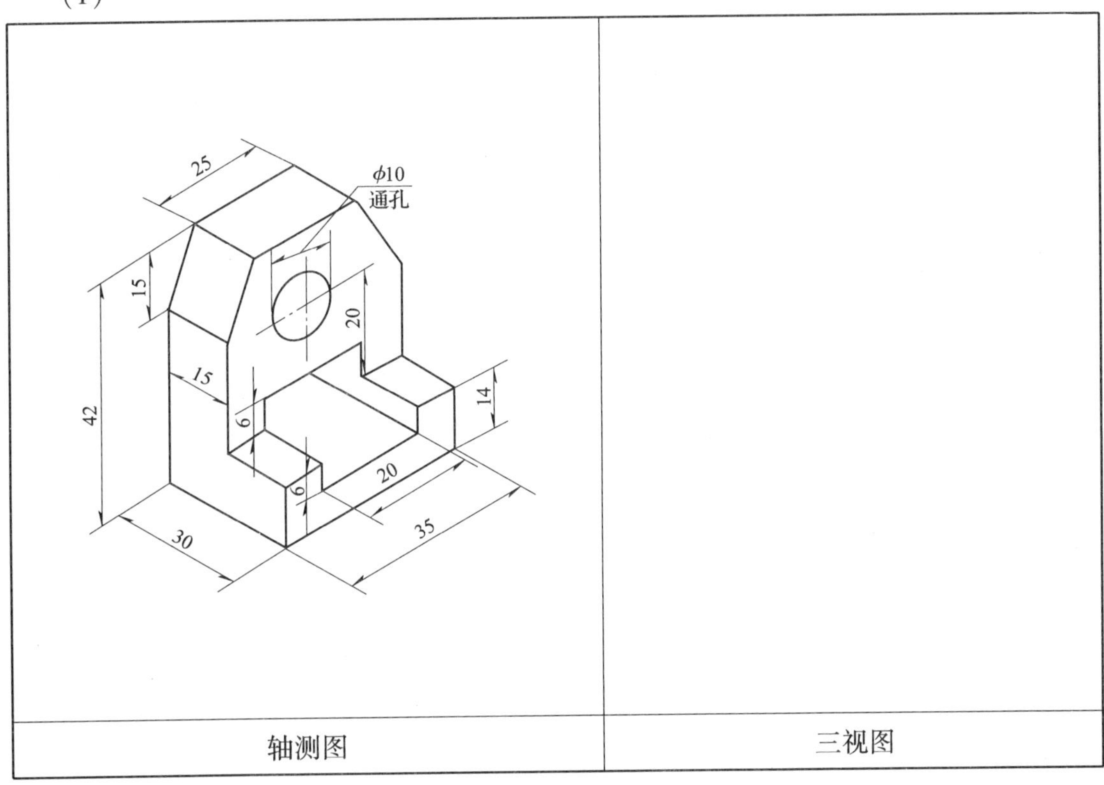


（2）

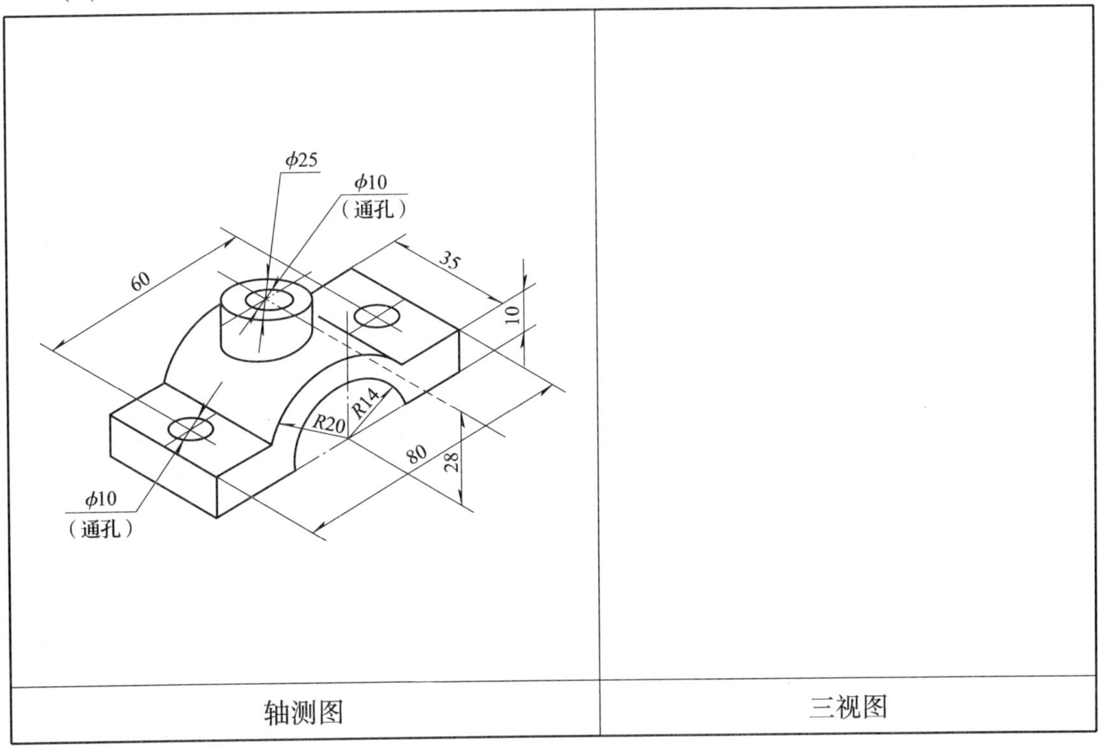

(3)

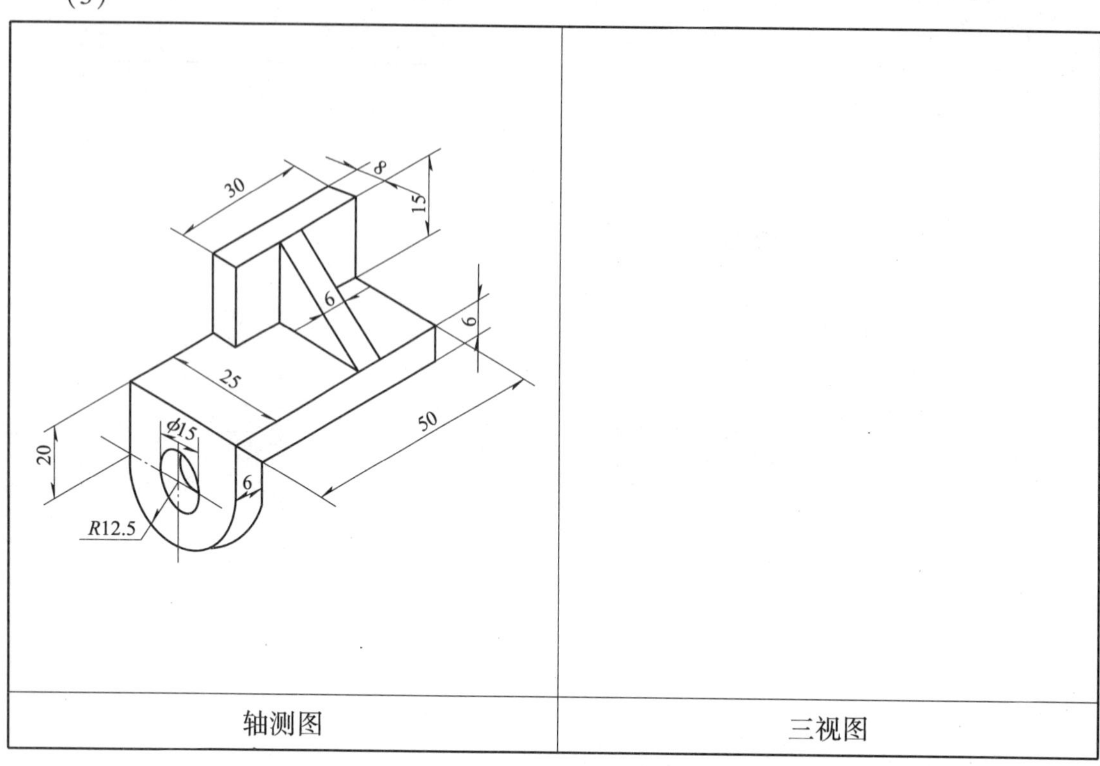


**三、图形分析题**

1．选择与三视图对应的立体图，并将其编号填在三视图旁。

(1)

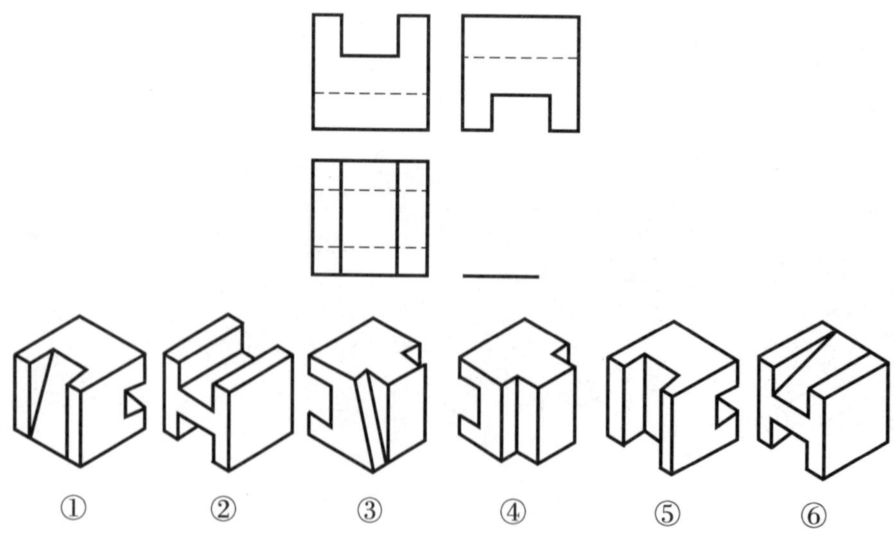

(2)

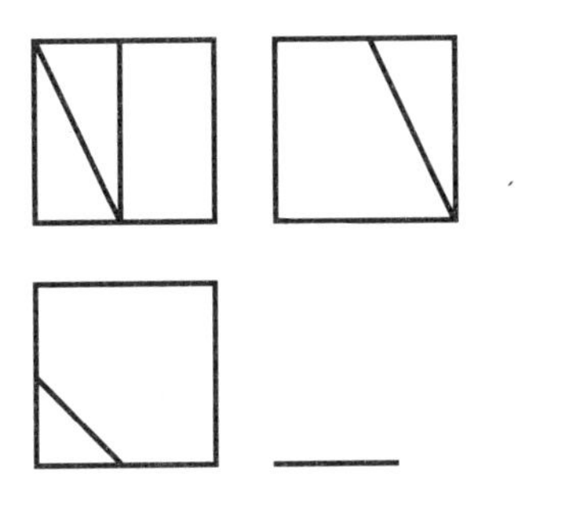

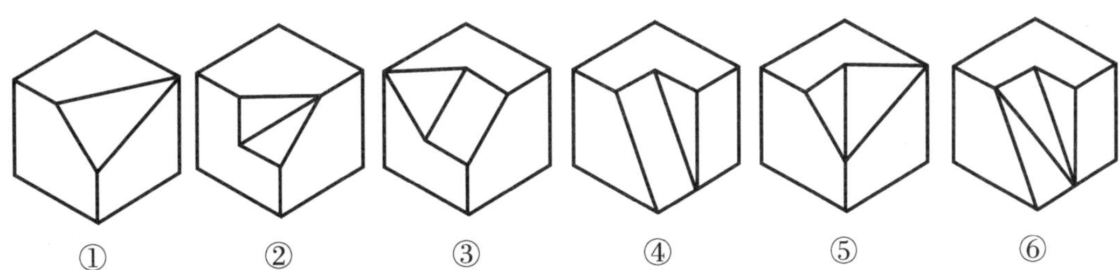


(3)

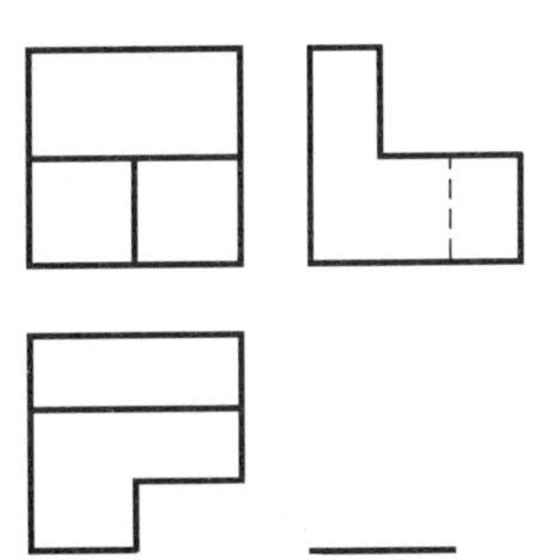

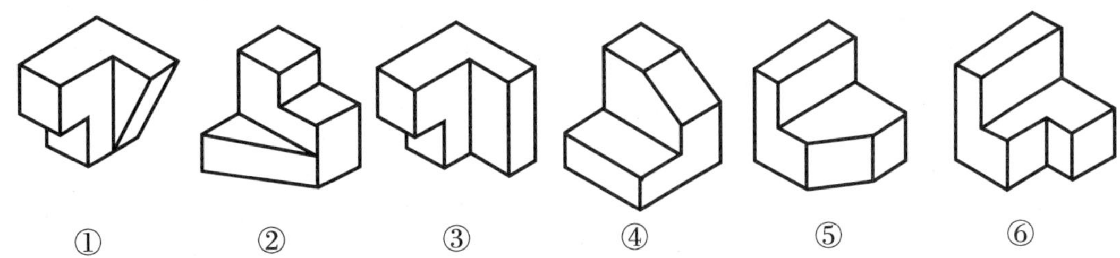

2．选择与两视图对应的立体图，并将其字母填在视图下方。

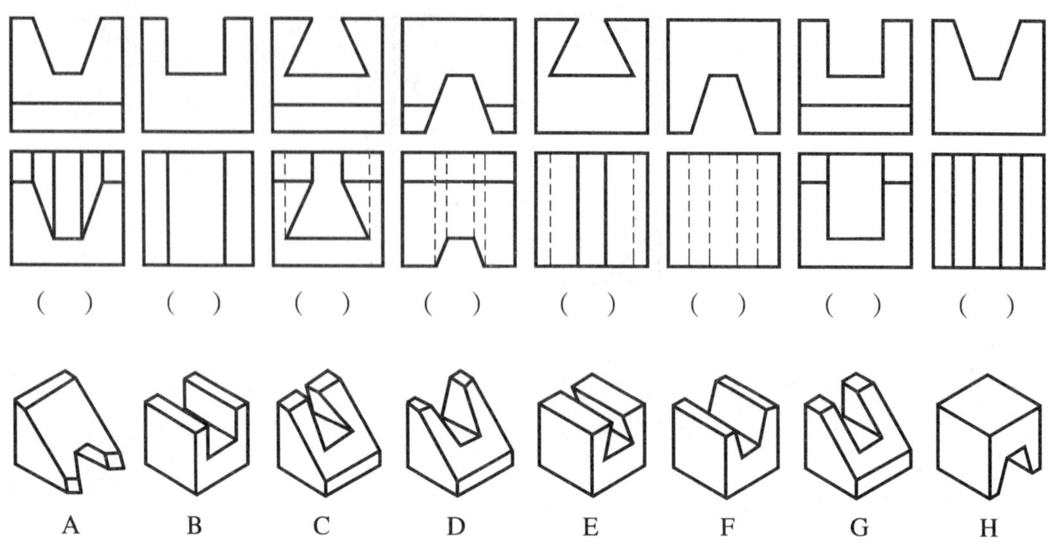


3．已知主、俯两视图，找出正确的左视图（在正确的左视图编号上打√）。

（1）

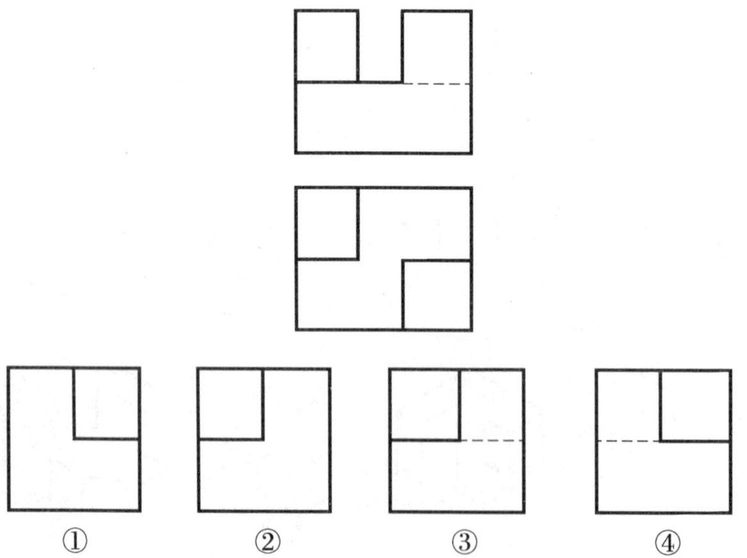

(2)

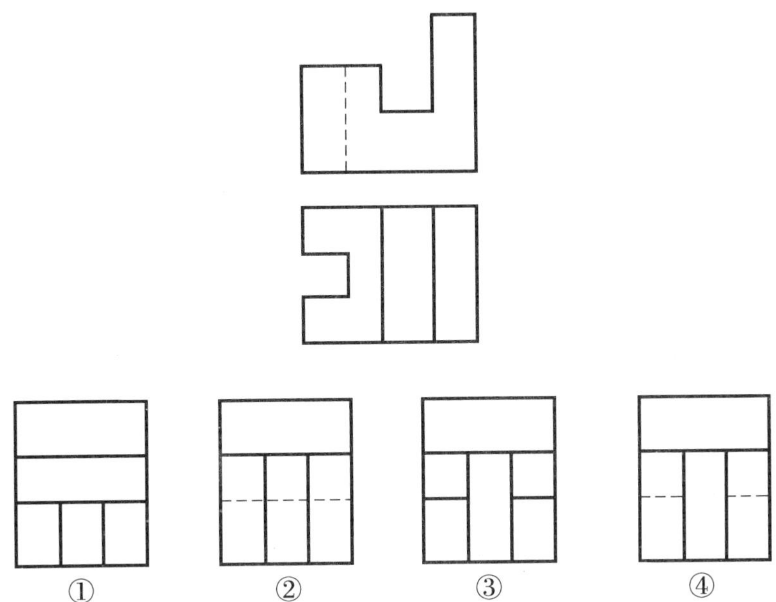


(3)

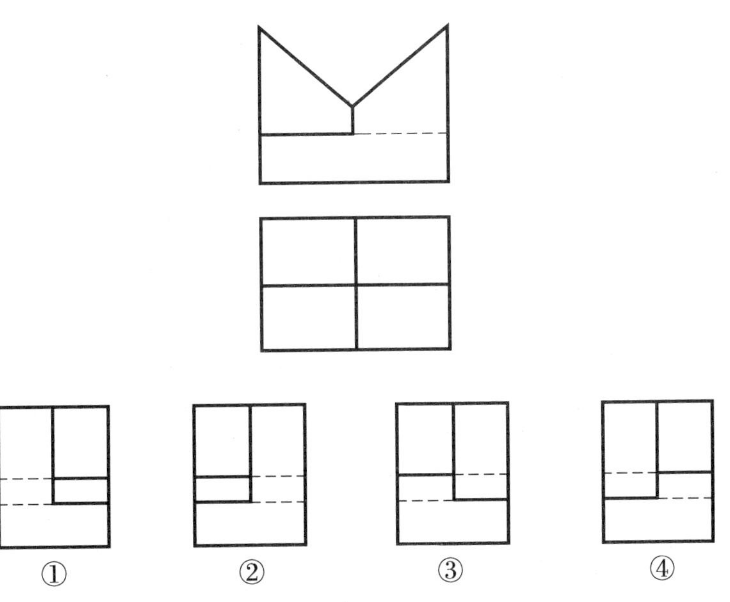

(4)

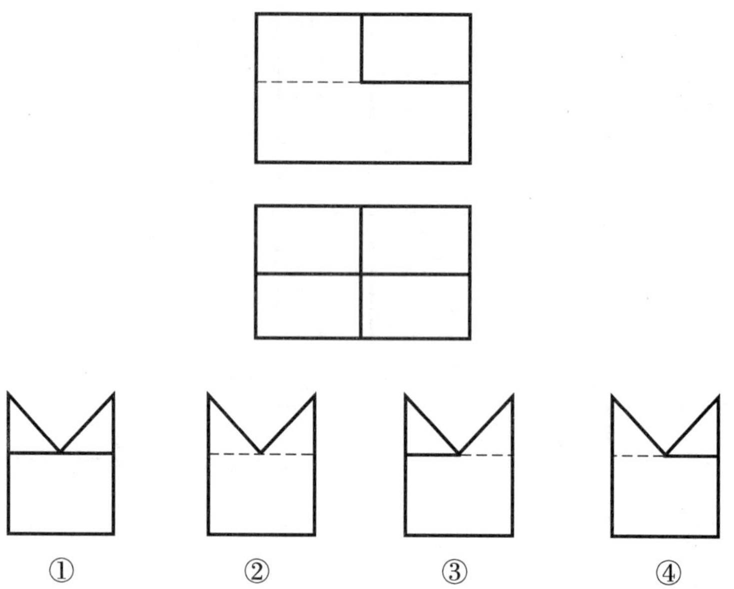

# 课题四　组合体的尺寸标注

## 一、填空题（请将正确答案填在空白处）

1. 标注组合体的尺寸时，应在对物体进行形体分析的基础上顺序标注出其________________、________________和________________。

2. 尺寸线尽可能排列整齐，与两投影图有关的尺寸应标注在____________________。可把长、宽、高三个方向的定形尺寸、定位尺寸组合起来排成几道，小尺寸在____，大尺寸在____。

3. 某些局部尺寸允许注在轮廓线内，但任何图线不得穿越________________。

4. 避免在____________上标注尺寸。

## 二、选择题（请在下列选项中选择一个正确答案并填在括号内）

1. 在标注尺寸时，应先标注（　　）尺寸。
   A. 定位　　　　B. 定形
   C. 总体　　　　D. 组合体

2. 在工程图样中，常以（　　）图为主要图样。
   A. 轴测　　　　B. *H* 面
   C. *W* 面　　　　D. *V* 面

## 三、作图题

根据实际测量结果，对下列形体进行尺寸标注。

1.

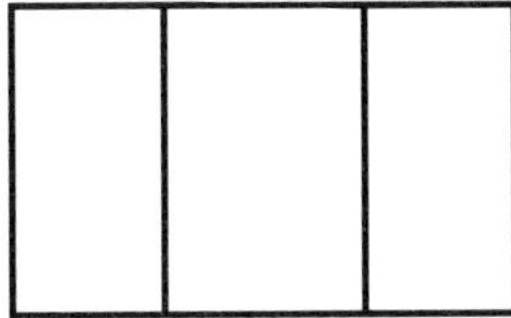

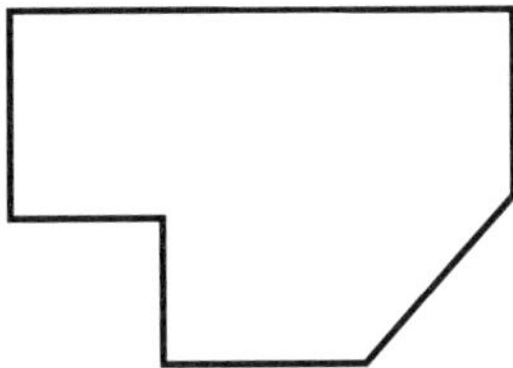

2.

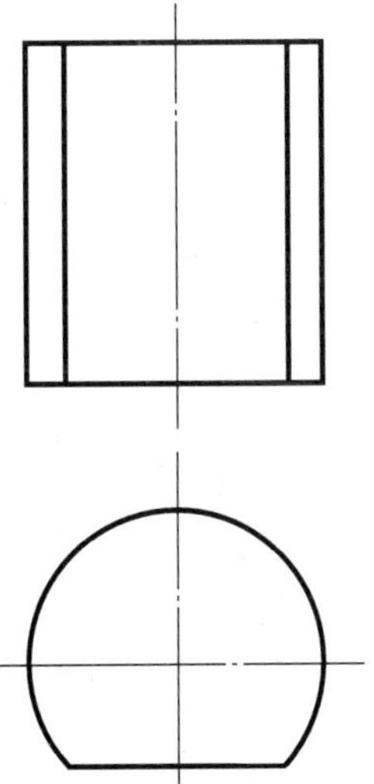

3.

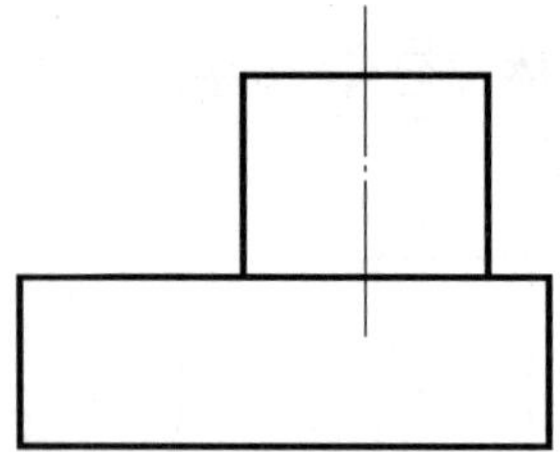

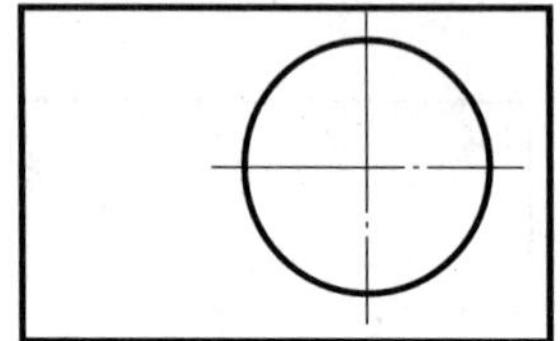

4.

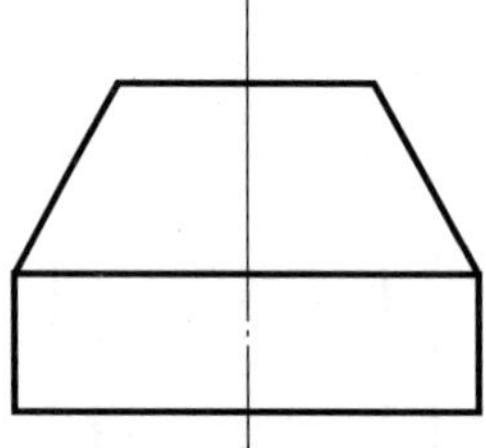

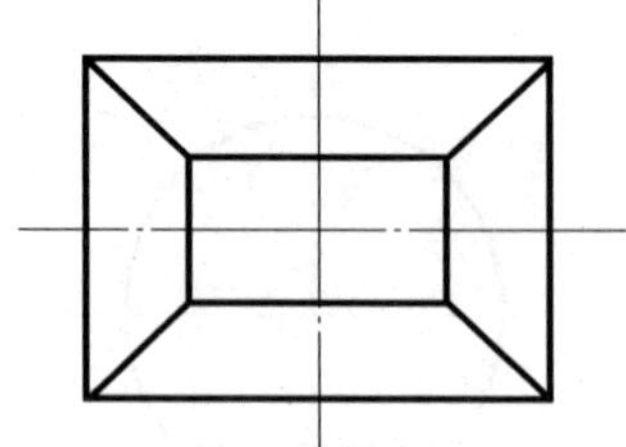

5.

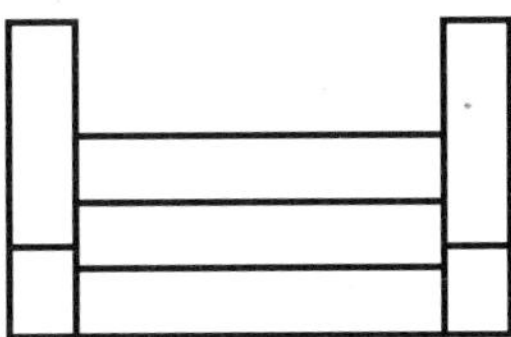
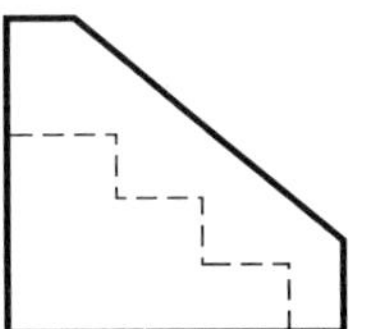

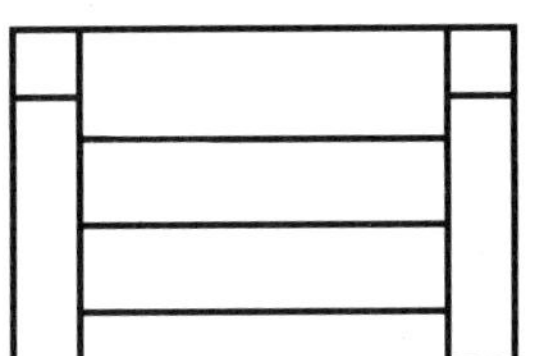

6.

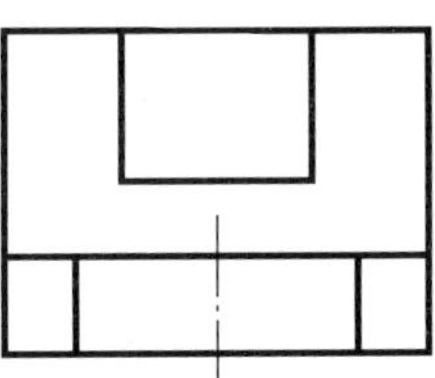
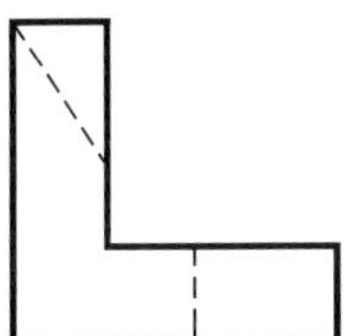

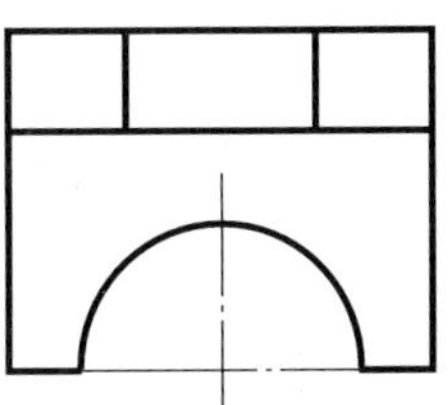

# 模块五　识读路线平面图

## 课题一　点、直线的标高投影

### 一、填空题（请将正确答案填在空白处）

1. 当点高于基准面，其标高为____；点低于基准面，其标高为____；点在基准面上，其标高为____。

2. 坡度和平距之间的关系是____________。

3. 直线上两点的高度差为 1 个单位时，两点间的水平距离称为____________。

### 二、选择题（请在下列选项中选择一个正确答案并填在括号内）

1. 坡度比例尺上标注的数值表示（　　）。

A. 单位长度　　B. 整数标高

C. 实际长度　　D. 图纸尺寸

2. 两平面平行，则它们的坡度比例尺必（　　）。

A. 平行　　B. 相交（不成 90°）

C. 垂直　　D. 无关

3. 标高投影法是在（　　）投影图上加注某些特殊点、线、面的高程，以高程数字代替立面图的作用。

A. 侧立面　　B. 正立面

C. 水平　　D. 轴测

### 三、判断题（判断正误并在括号内填√或 ×）

1. 标高投影是一种带有数字标记的单面正投影。（　　）

2. 标高投影图就是在正立面图上加注某些特殊点、线、面的高程，以高程数字代替立面图的作用。（　　）

3. 直线上两点之间的水平距离和它们的高度差之比，称为直线的坡度。（　　）

4. 直线上两点的高度差为 1 个单位时，两点间的水平距离等于直线的坡度。（　　）

### 四、作图、计算题

1. 求 $AB$ 直线的实长 $L$、倾角 $\alpha$ 及整数标高点，并计算其坡度和平距。

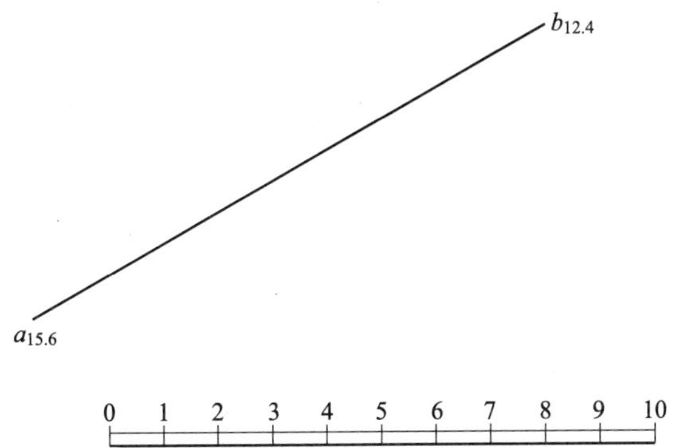


2. 过 $B$ 点作直线与已知直线相交，使交点 $C$ 的标高为2，并判别直线 $BC$ 与基准面的关系。

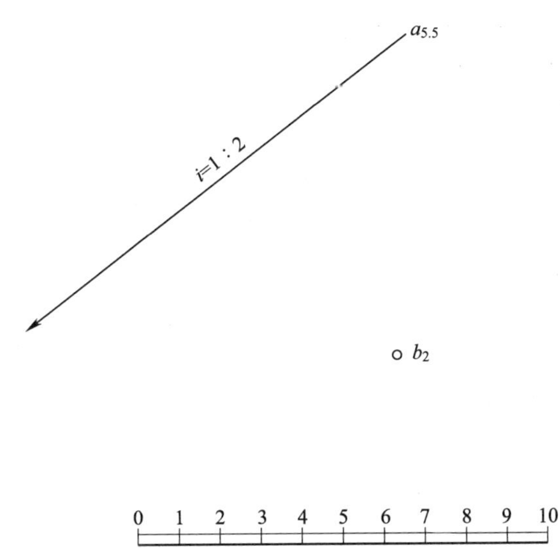


# 课题二　平面的标高投影

## 一、填空题（请将正确答案填在空白处）

1. 地形图上等高线高程数字的字脚规定朝向高程________的方向。

2．在工程中，把建筑相邻两坡面的交线称为____________，坡面与地面的交线称为坡脚线即填方线和____________。

## 二、选择题（请在下列选项中选择一个正确答案并填在括号内）

1．最大坡度线的投影和平面上的等高线的投影互相（　　）。

A．垂直　　B．相交（不成 90°）

C．平行　　D．无关

2．求平面与地面的交线，应先求平面上与地形面上（　　）的等高线的交点，然后用平滑的曲线依次连接起来即得。

A．相邻标高　　B．标高不同

C．标高相同　　D．标高相近

## 三、判断题（判断正误并在括号内填√或 ×）

1．某个面上的等高线就是该面上高程相等的点的集合，也可以看成是水平面与该面的交线。（　　）

2．求平面与地面的交线，应先求平面上与地形面上标高相同的等高线的交点，然后用平滑的曲线依次连接起来即得。（　　）

3．地形图中等高线越密，表示地势越陡；等高线越稀，表示地势越平坦。（　　）

## 四、作图、计算题

1．作平面 $ABC$ 上的等高线，并求该平面与基准面的倾角 $\alpha$。

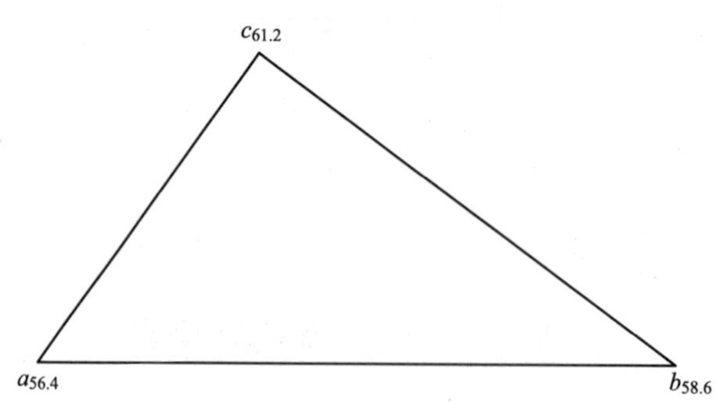


0 1 2 3 4 5 6 7 8 9 10

2. 作平面上的等高线和坡度比例尺。

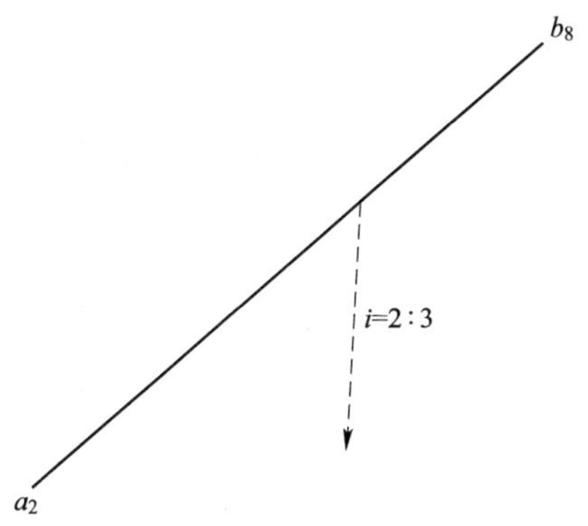


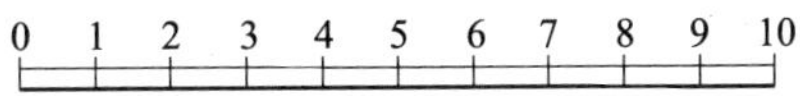


3. 求两平面的交线。

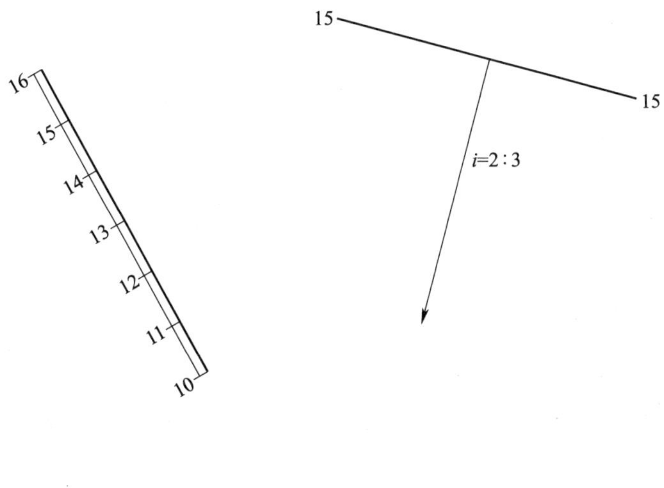

4. 已知地面标高为 ±0，坑底标高为 -2，各坡面坡度为 1∶1，求基坑各坡面与地面的交线。

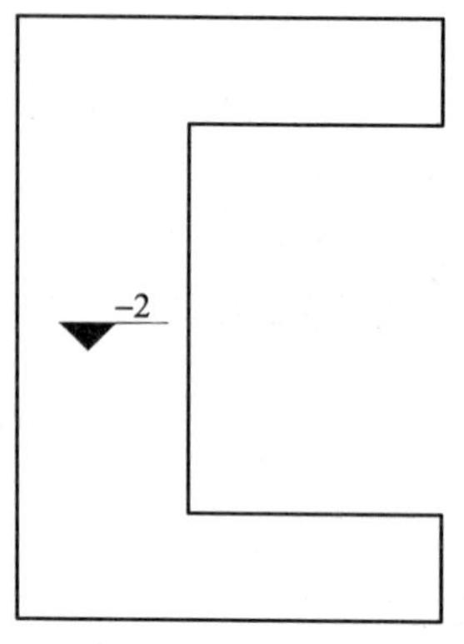


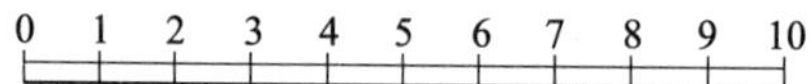


5. 地面、坝顶、河底的标高及岸坡、坝面坡度如下图所示，求作坝顶、坝面与河底、河岸间的交线。

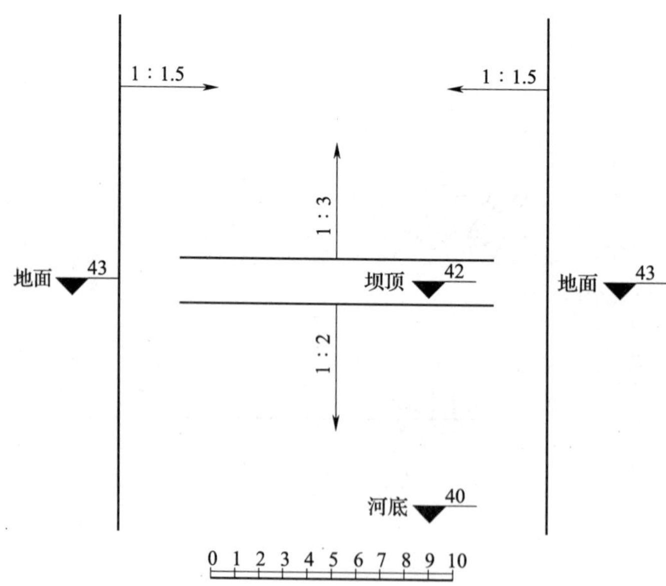

6. 两坝顶的标高及各坡面的坡度如下图所示，求各坡面与标高为 ±0 的水平地面的交线及各坡面间交线。

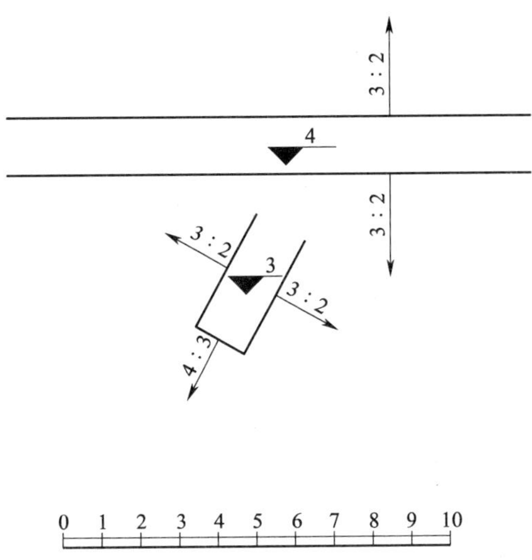


7. 在堤坝与河岸的相交处筑有护坡，作坡面交线和坡脚线。

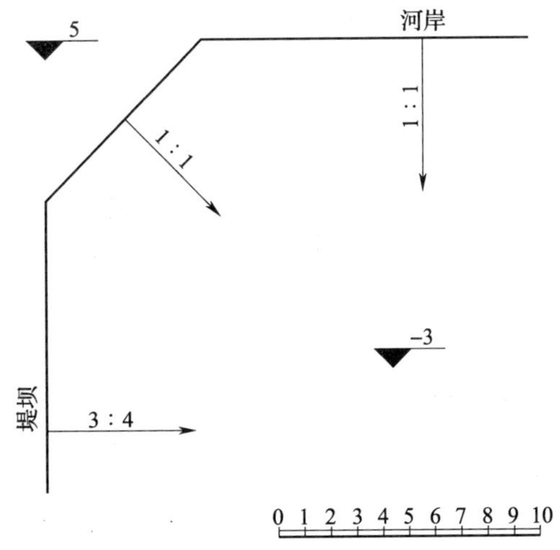


## 课题三　曲面的标高投影

### 一、填空题（请将正确答案填在空白处）

1. 工程上常见的曲面有____________、____________和____________等。

2. 在标高投影中，曲面是用一系列的__________来表示的，即用一系列__________的__________与曲面相截，画出这些__________的标高投影。

## 二、名词解释

1. 同坡曲面

2. 计曲线和首曲线

3. 地形断面图

## 三、作图题

1. 在堤坝与河岸的相交处筑有锥面护坡，作坡面交线和坡脚线。

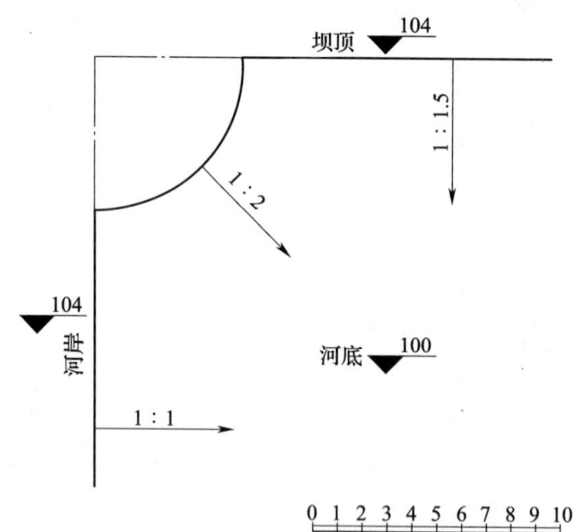

2. 圆弧引道两侧边坡的坡度为1∶2，地面标高为±0，求作边坡与地面的交线及各坡面之间的交线。

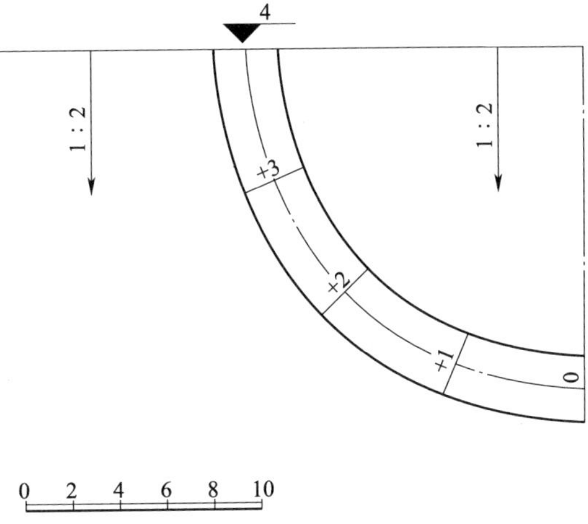


3. *A* 至 *B* 为一条管道，试用虚线和实线分别标明管道 *AB* 埋入地下和露出地面外的各段。

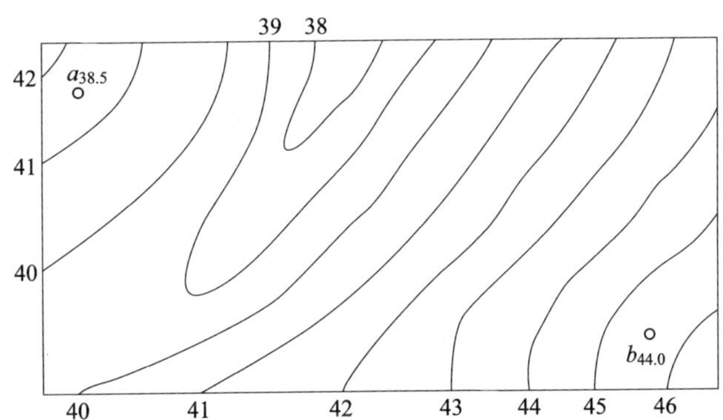


38

0 1 2 3 4 5 6 7 8 9 10

# 课题四　路线平面图

## 一、填空题（请将正确答案填在空白处）

1. 公路路线是指公路沿长度方向的____________________。

2. 路线平面图进行接图时，应以相邻两图样的______________为准，并将__________重合在一起。

3. 道路路线有竖向高度变化和平面弯曲变化，所以从整体来看道路路线是一条________________。

## 二、选择题（请在下列选项中选择一个正确答案并填在括号内）

1. 在路线平面图中，里程桩标在路线前进方向的（　　）。

A. 右侧　　B. 左侧

C. 前方　　D. 后方

2. *HY* 表示路线平面图中（　　）。

A. 圆曲线的缓圆点　　B. 圆曲线的圆缓点

C. 缓和曲线的缓圆点　　D. 缓和曲线的圆缓点

## 三、判断题（判断正误并在括号内填√或×）

1. 坐标网中 *X* 轴指向东西方向。（　　）

2. 路线平面图中，对曲线还需标出曲线起点 *ZY*（圆直）、曲线中点 *QZ*（曲中）、曲线中点 *YZ*（直圆）的位置。（　　）

3. 公里桩柱在路线前进方向的右侧。（　　）

## 四、简答题

试描述下图的含义（$T=509$，$E=2.3$，$R=500$）。

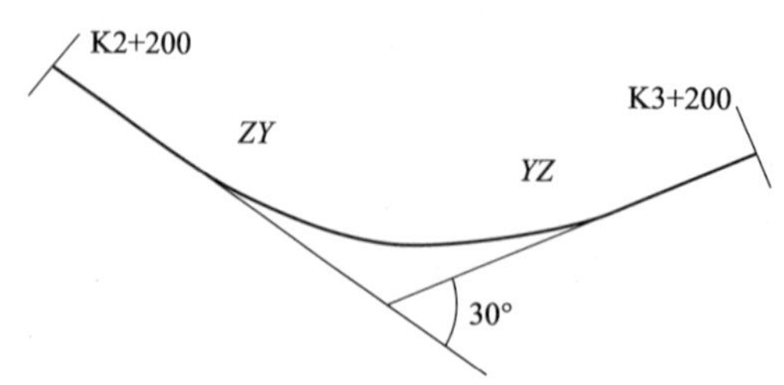

## 五、读图题

阅读某公路路线平面图，回答下列问题。

**曲线元素表**

| *JD* | | $\alpha$ | | *R* | $L_S$ | *T* | *L* | *E* | *J* | *ZH* | *HY*（*ZY*） | *HY*（*ZY*） | *YH*（*YZ*） | *HZ* |
|---|---|---|---|---|---|---|---|---|---|---|---|---|---|---|
| | | $\alpha_z$ | $\alpha_y$ | | | | | | | | | | | |
| 6 | K134 + 750.43 | | 16°25′18″ | 2500 | 120 | 420.77 | 836.53 | 26.13 | 5.01 | K134 + 329.66 | K134 + 449.66 | K134 + 747.92 | K135 + 046.19 | K135 + 166.19 |

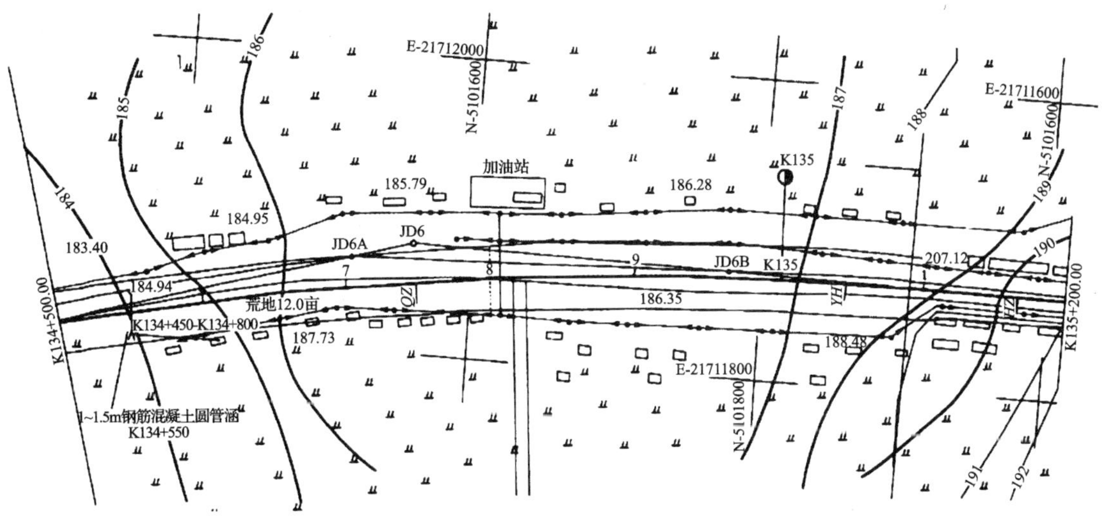


1. 上图所示为某公路__________至__________段路线平面图。

2. 等高线表示地形起伏，该图的左方地势____，右方地势____。

3. 公里桩宜标注在路线前进方向的左侧，用____表示桩位。距路线起点____ km。图中所示路线的总长为____ km。

4. 对于曲线形路线的公路转弯处，在平面图中是用交点编号来表示，图中____表示为第____号，沿着路线前进方向____转弯。

5. 平面图上路线前进的方向规定从____往____。

6. 图中的“*QZ*”表示________、“*YH*”表示________、“*HZ*”表示________。

7. 画路线平面图时的注意事项有哪些?

# 模块六　识读路线纵断面图

## 课题一　剖　面　图

### 一、选择题（请在下列选项中选择一个正确答案并填在括号内）

1. 剖面线是平行等距（　　）的（　　）。

A. 60°　细实线　　B. 45°　细实线

C. 45°　中粗实线　　D. 45°　粗实线

2. 剖切位置线为（　　），长度宜为（　　）mm。

A. 短粗虚线　4～6　　B. 短粗实线　4～6

C. 短粗虚线　6～10　　D. 短粗实线　5～10

3. 投影方向线为（　　），长度宜为（　　）mm，用单边箭头表示剖切后的投影方向。

A. 短粗虚线　4～6　　B. 细实线　4～6

C. 短粗虚线　6～10　　D. 短粗实线　6～10

### 二、判断题（判断正误并在括号内填√或×）

1. 当形体对称，但对称轴线与轮廓线重合时，不宜作半剖面图。（　　）

2. 剖面线只能按45°细实线画。（　　）

### 三、作图题

1. 补画剖面图中的剖面线。

(1)

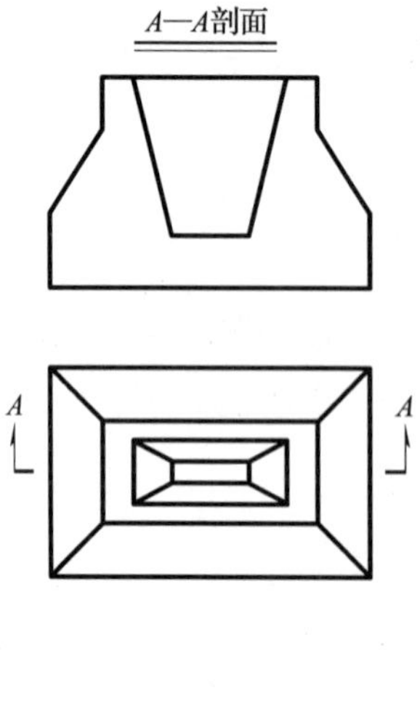

A—A剖面

A　A

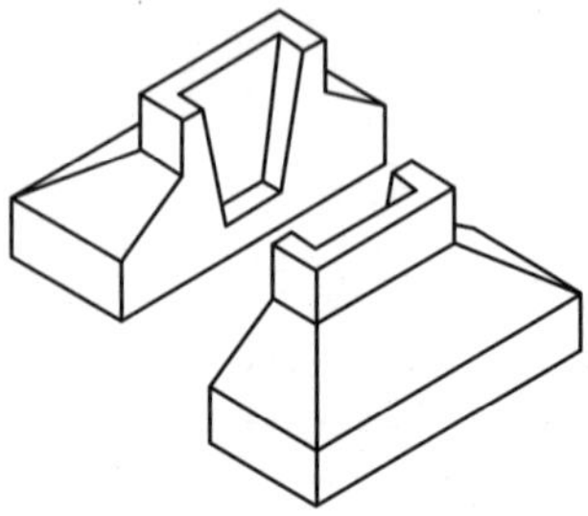

(2)

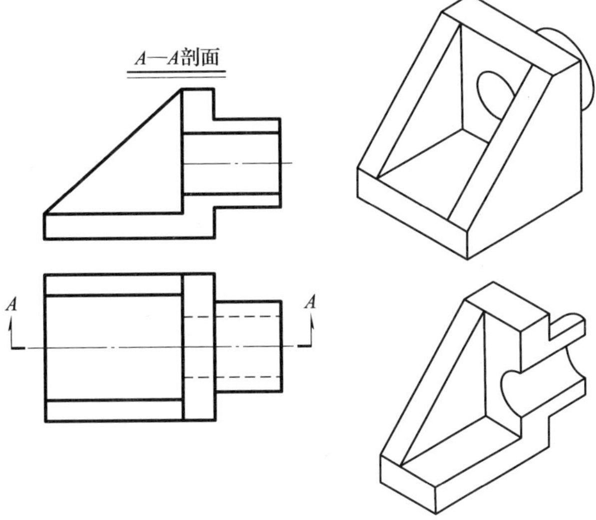


(3)

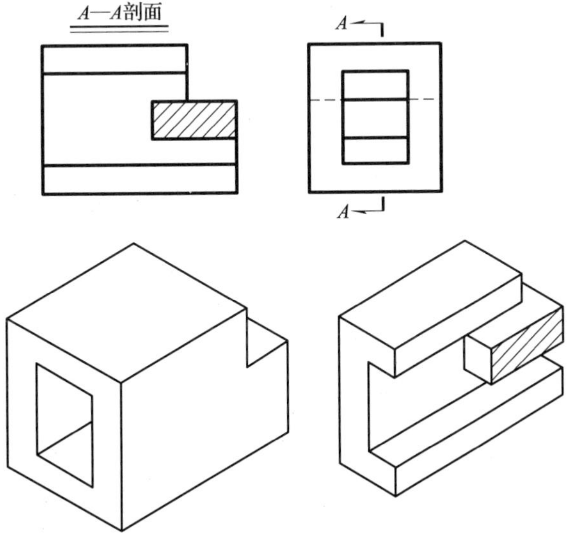

（4）

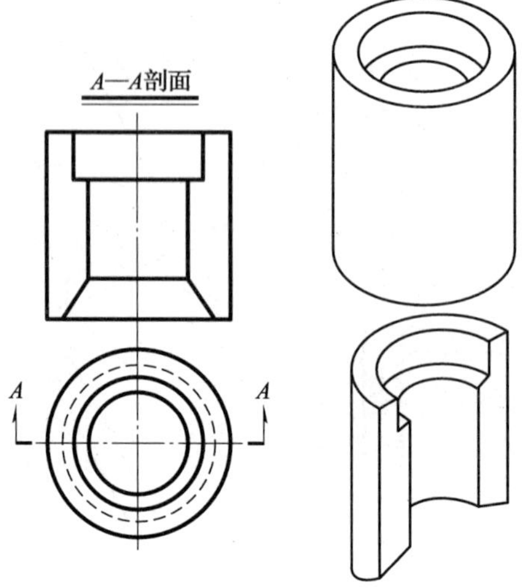


（5）

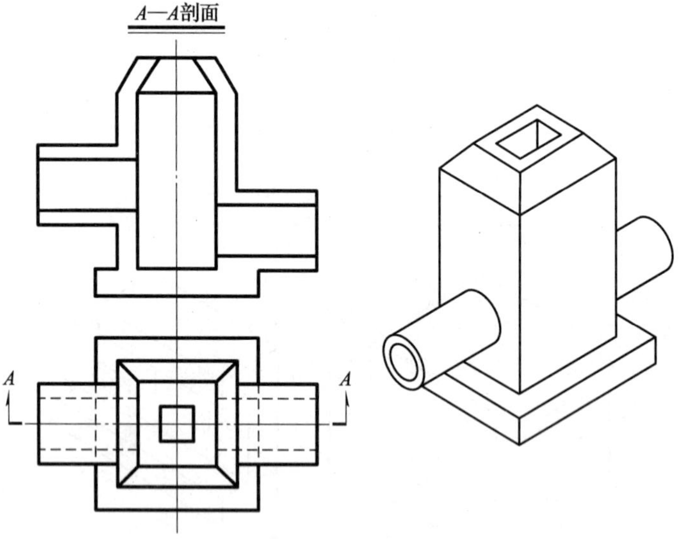

（6）

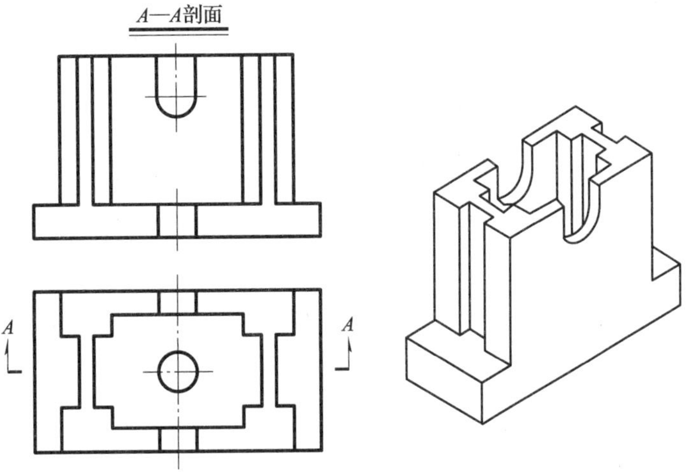


2. 将立面图补画为全剖面图。

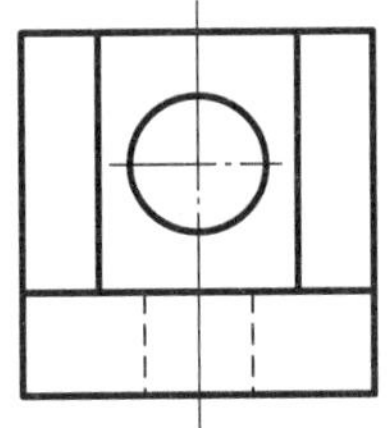

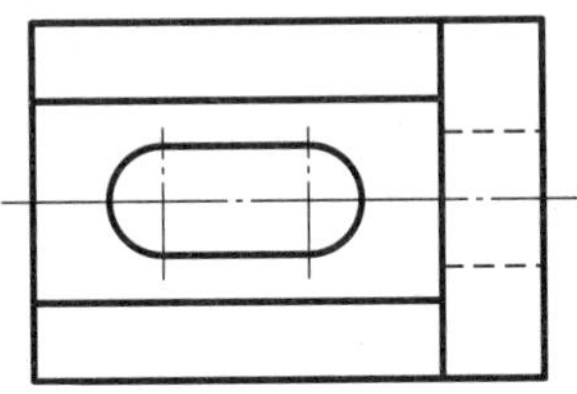

3. 将桥台侧面图改画为1—1 剖面图。

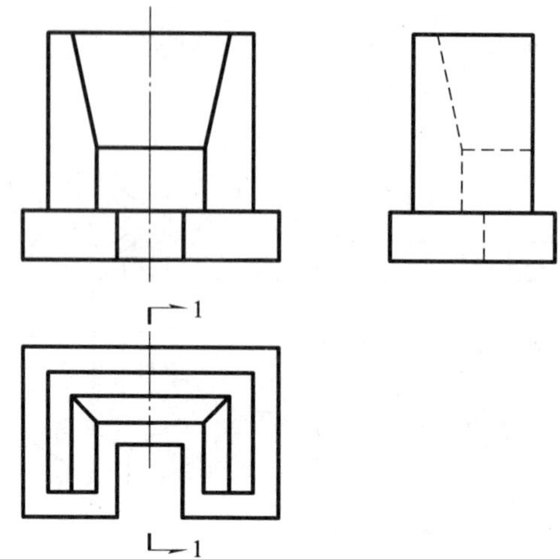


4. 将基础侧面图改画为1—1 半剖面图。

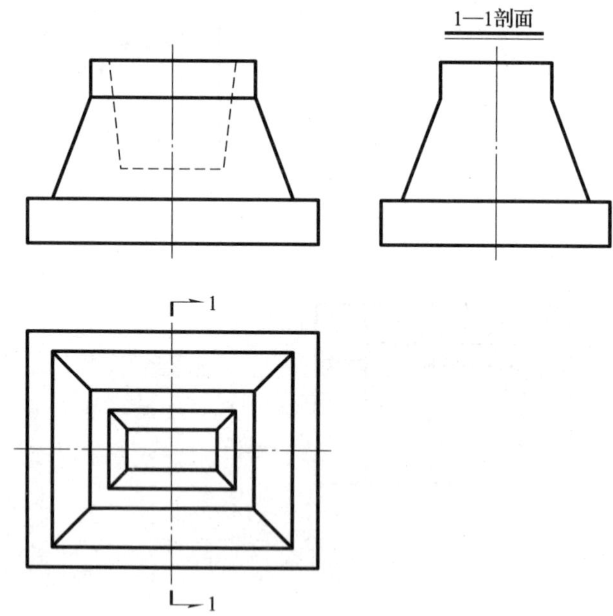

5. 识读下面所表示的形体，作 1—1 全剖面图和 2—2 半剖面图。

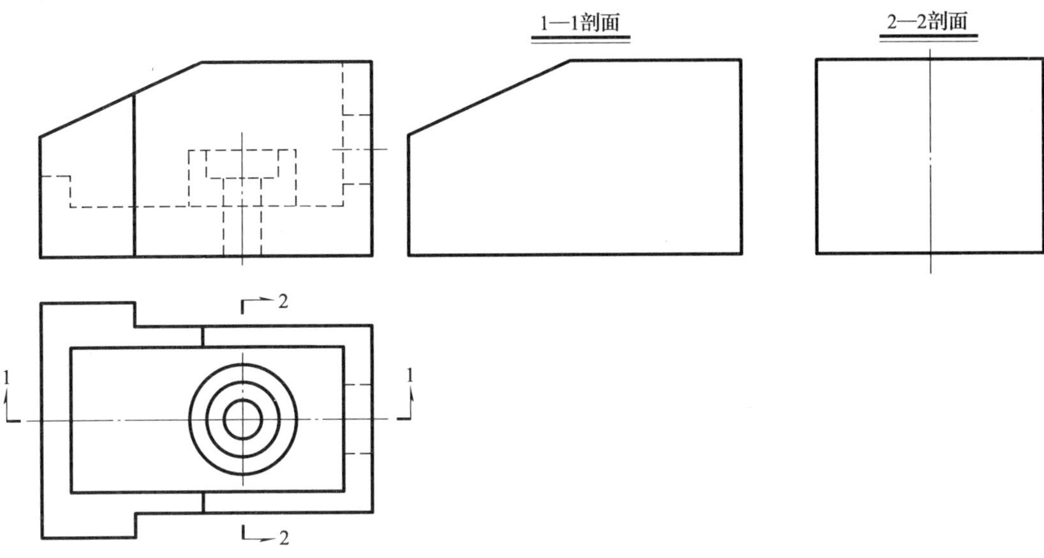


6. 在指定位置画出 1—1 剖面图。

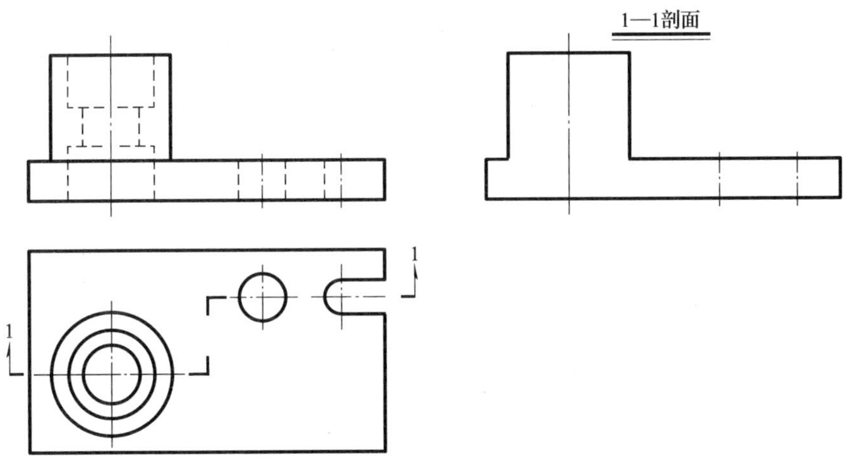

7．将立面图改画成阶梯剖面图并加以标明。

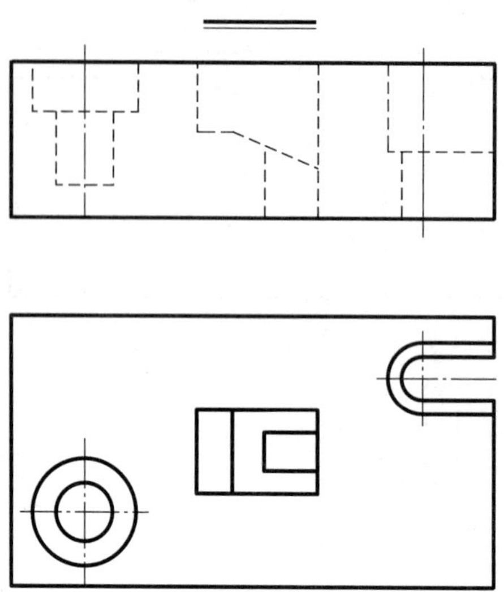

8．将立面图画成局部剖面图。

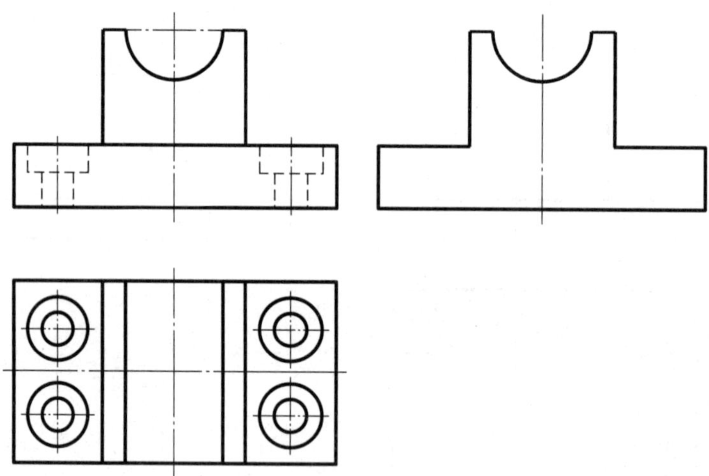

9．作 1—1 旋转剖面图。

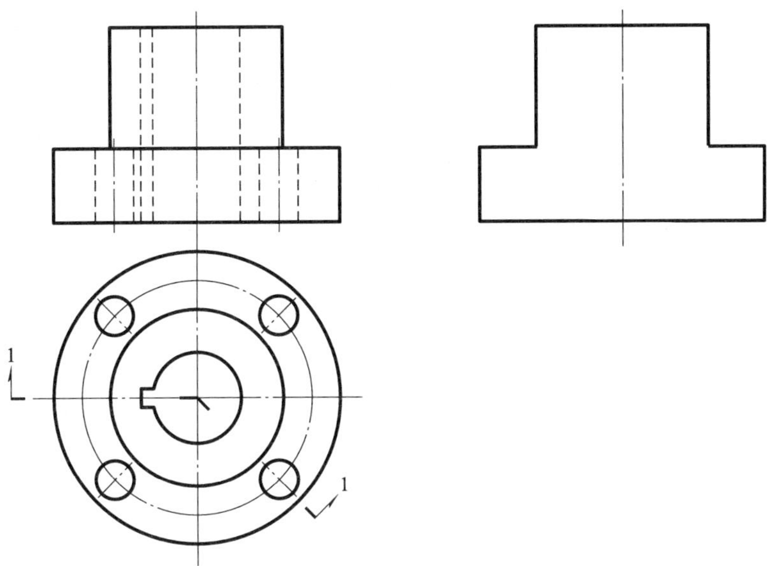


10．补画出 2—2 剖面图。

（1）

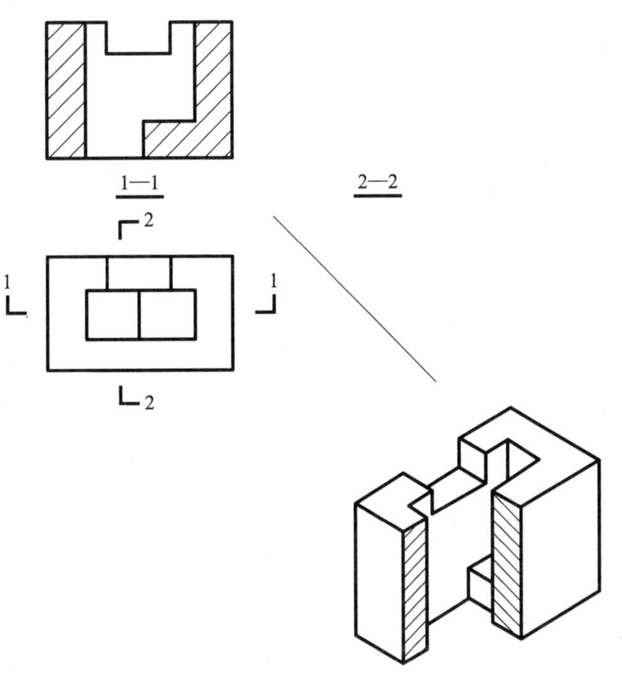

(2)

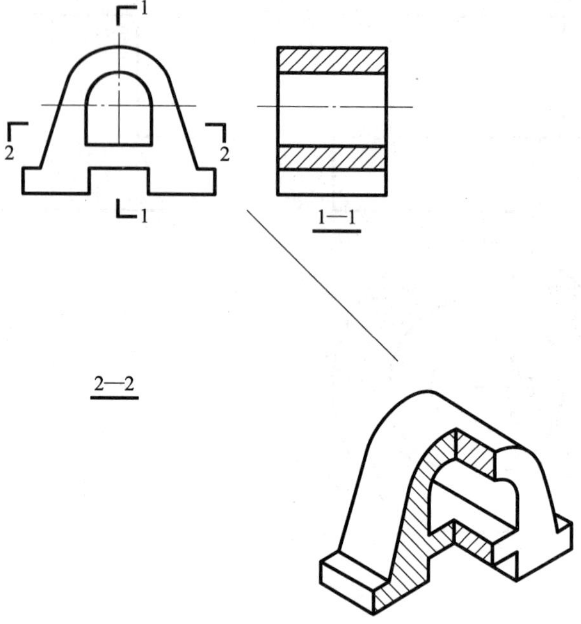


(3)

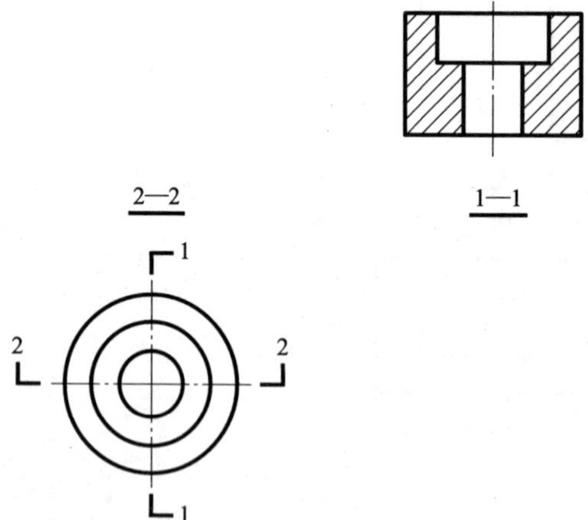

(4)

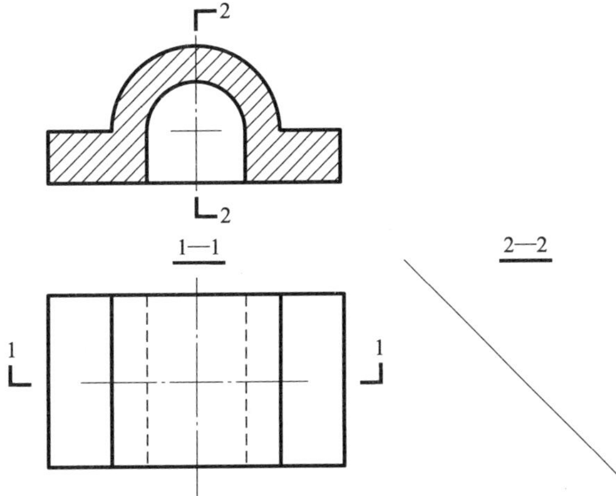


(5)

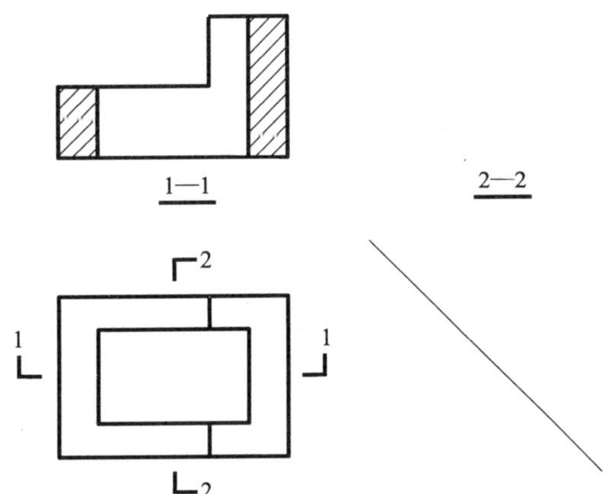


(6)

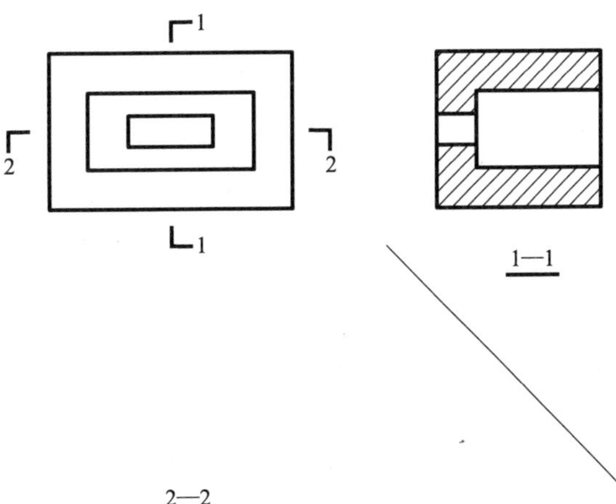

# 课题二　断　面　图

## 一、填空题（请将正确答案填在空白处）

1．有些构件需表达其内形，但又没必要画出剖面图时，可用____________来表示。适当选择____________，可以简化形体的表达。

2．当假想用剖切平面将形体剖开后，仅画出被剖切处________________（即截面），并在断面内画上____________或____________，这种图形称为断面图。

3．断面图表示形体的某一位置的断面形状，是____的投影。剖面图是____的投影。

4．断面图根据布置的位置不同，可分为________________、________________和________________。

## 二、作图题

1．作指定位置的1—1、2—2、3—3、4—4断面图。

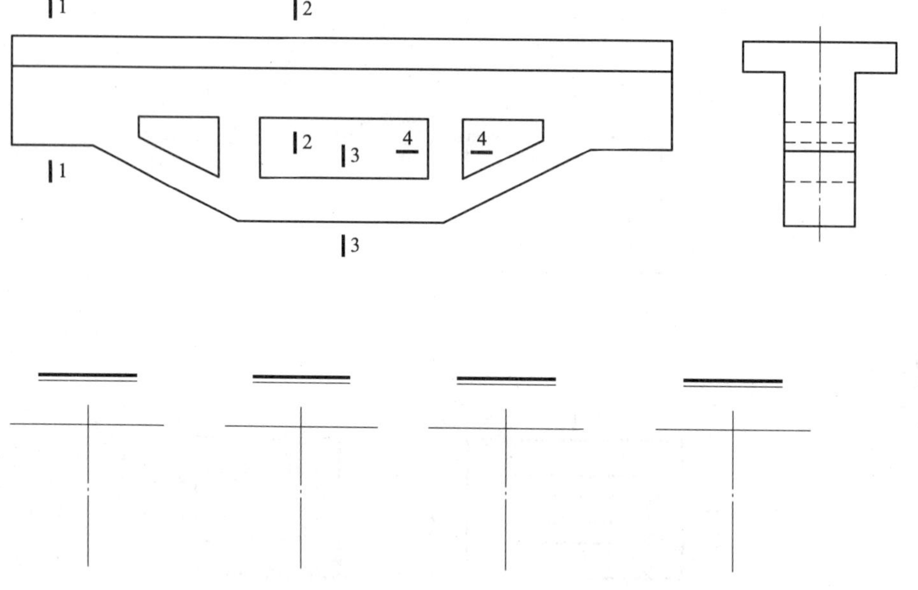

2. 根据图 a 中的移出断面图，分别在图 b 和图 c 中画出中断断面图和重合断面图。

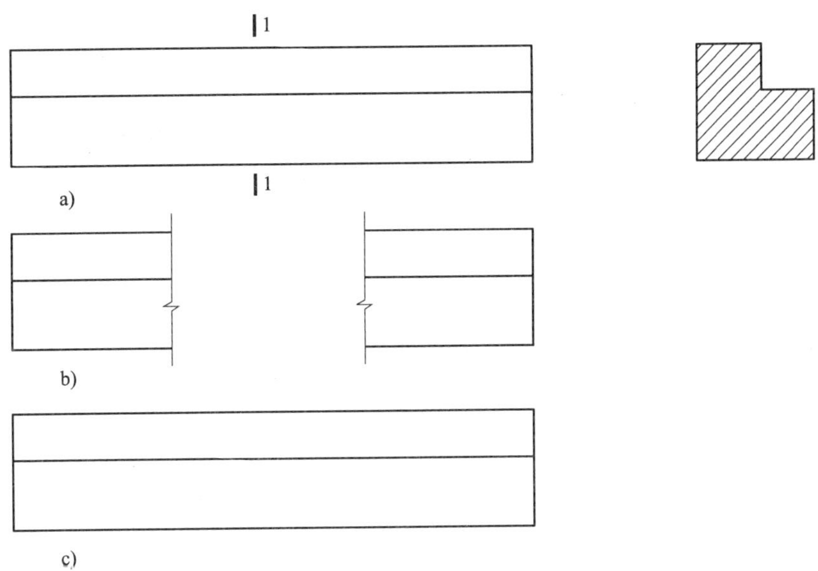


3. 已知 1—1 断面图，画出 2—2 剖面图。

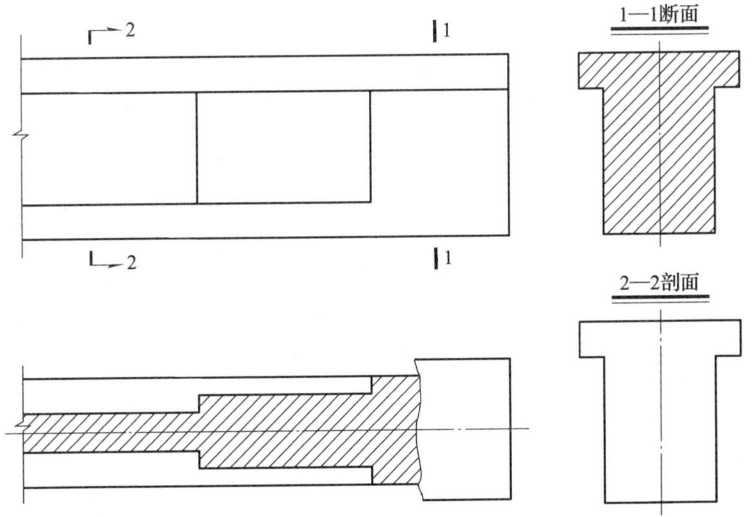

4. 画出1—1断面图和2—2剖面图。

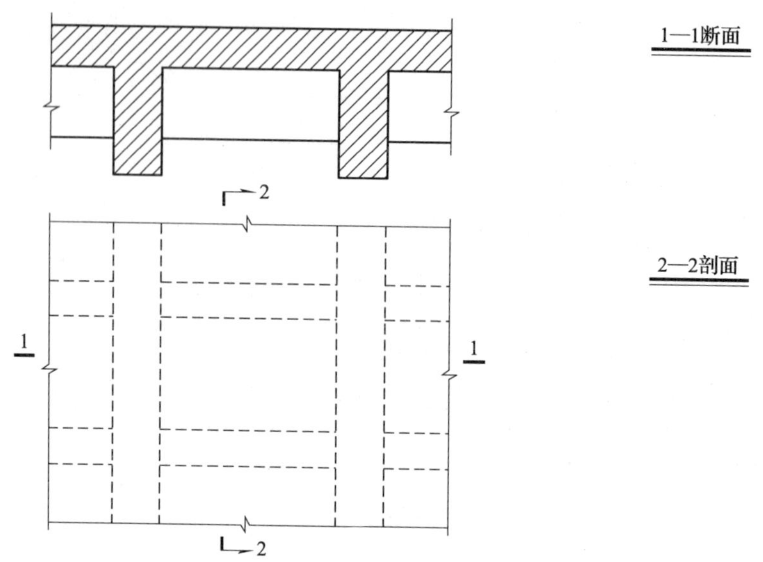


## 课题三　路线纵断面图

### 一、填空题（请将正确答案填在空白处）

1. 路线纵断面图包括____________和____________两部分。
2. 路线纵断面图的图样部分竖直方向的比例________水平方向的比例。

### 二、判断题（判断正误并在括号内填√或×）

1. 公路断面图中，$JD_7\alpha=34°28'\ R=30$ 表示第7号公路交角点沿路线前进方向向右转弯，转折角 $\alpha=34°28'$，平曲线半径 $R=30$ m。 （　　）
2. 路线纵断面图是通过公路中心线用假想的水平面进行剖切后展开获得的。 （　　）
3. 路线纵断面图水平方向表示路线的长度，铅垂方向表示地面及设计路基边缘的标高。 （　　）

### 三、作图题

下图所示为某路线纵断面图，试补全地面线（细线）、设计线（粗线）和设计标高、填挖数字。

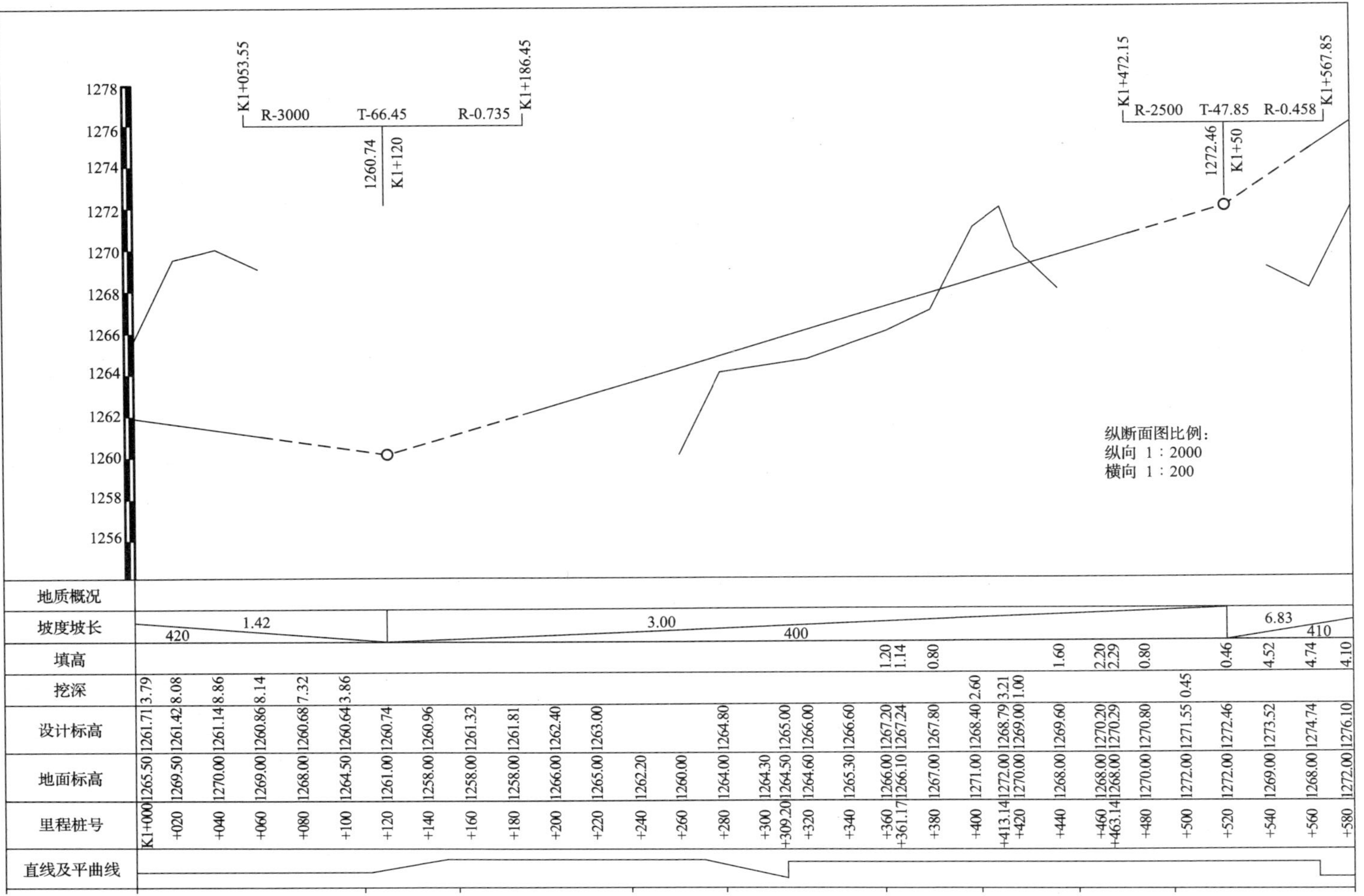


| 里程桩号 | 地面标高 | 设计标高 | 挖深 | 填高 |
|---|---|---|---|---|
| K1+000 | 1265.50 | 1261.71 | 3.79 | |
| +020 | 1269.50 | 1261.42 | 8.08 | |
| +040 | 1270.00 | 1261.14 | 8.86 | |
| +060 | 1269.00 | 1260.86 | 8.14 | |
| +080 | 1268.00 | 1260.68 | 7.32 | |
| +100 | 1264.50 | 1260.64 | 3.86 | |
| +120 | 1261.00 | 1260.74 | | |
| +140 | 1258.00 | 1260.96 | | |
| +160 | 1258.00 | 1261.32 | | |
| +180 | 1258.00 | 1261.81 | | |
| +200 | 1266.00 | 1262.40 | | |
| +220 | 1265.00 | 1263.00 | | |
| +240 | 1262.20 | | | |
| +260 | 1260.00 | | | |
| +280 | 1264.00 | 1264.80 | | |
| +300 | 1264.30 | | | |
| +309.20 | 1264.50 | 1265.00 | | |
| +320 | 1264.60 | 1266.00 | | |
| +340 | 1265.30 | 1266.60 | | |
| +360 | 1266.00 | 1267.20 | | 1.20 |
| +361.17 | 1266.10 | 1267.24 | | 1.14 |
| +380 | 1267.00 | 1267.80 | | 0.80 |
| +400 | 1271.00 | 1268.40 | 2.60 | |
| +413.14 | 1272.00 | 1268.79 | 3.21 | |
| +420 | 1270.00 | 1269.00 | 1.00 | |
| +440 | 1268.00 | 1269.60 | | 1.60 |
| +460 | 1268.00 | 1270.20 | | 2.20 |
| +463.14 | 1268.00 | 1270.29 | | 2.29 |
| +480 | 1270.00 | 1270.80 | | 0.80 |
| +500 | 1272.00 | 1271.55 | 0.45 | |
| +520 | 1272.00 | 1272.46 | | 0.46 |
| +540 | 1269.00 | 1273.52 | | 4.52 |
| +560 | 1268.00 | 1274.74 | | 4.74 |
| +580 | 1272.00 | 1276.10 | | 4.10 |

# 模块七　识读路基、路面结构图

## 课题一　路基横断面图和路面结构图

### 一、填空题（请将正确答案填在空白处）

1．路基横断面图用来表达路线____________路基横断面的形状和横向地面的____________。

2．上下行的公路横断面由一个路基形成的，称为__________。

3．路基宽度是指__________总宽度。

4．高速公路和一级公路的标准路基横断面，包括____________、____________、____________、____________、____________、____________等，其中必要组成部分有____________、____________、____________。

5．识读路堤横断面图，路堤高度小于 0.5 m 时，在坡脚处设置________，其底宽和深度要求________；路堤高度大于 2 m 时，可以将边沟断面扩大成取土坑，在坡脚与取土坑之间设______宽的________；当原地面横坡大于 1∶5 时，原地面挖成________的台阶，台阶底面做成________倾斜 2% ~4% 的横坡。

### 二、选择题（请在下列选项中选择一个正确答案并填在括号内）

1．路基横断面图的地面线一律画成（　　）。

A．细实线
B．粗实线
C．中粗线
D．波浪线

2．路面结构层次的次序为（　　）。

A．面层、联结层、垫层
B．面层、联结层、垫层、基层、土基
C．面层、联结层、基层、垫层、土基
D．面层、基层、整平层

3．路基横断面图的桩号顺序为（　　）。

A．从上至下、从左至右
B．从上至下、从右至左
C．从下至上、从左至右
D．从下至上、从右至左

## 三、简答题

1．道路路基横断面有哪三种常用形式？请作图表示。

2．路面根据其使用的材料和性能不同，可分为哪几类？试举例。

## 四、识图题

1．下图所示为某段路基横断面，该断面里程桩号为 K5 +220，中心线处设计标高是 161.36 m，填方高度是 0.38 m，填方面积是 2.14 $m^2$，挖方面积是 1.82 $m^2$，路堤坡度是 1∶1.5，路堑坡度是 1∶1。根据上述说明，补充完成路基横断面图。

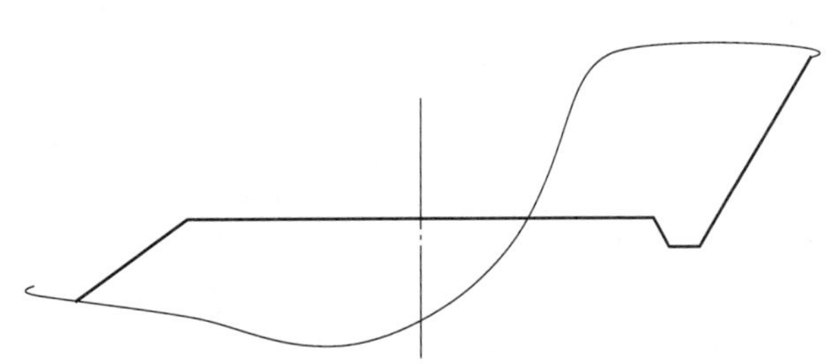

2. 识读下图所示的路面结构图。

| 自然区划 | IV$_1$（常熟市） | | | | | | |
|---|---|---|---|---|---|---|---|
| 路基条件 | 填方路基、挖土路基、软土路基　中湿至干燥 | | | | | | |
| 类型 | 新建 | | 桥头搭板 | | 桥面铺装 | | |
| 适用范围 | 行车道 | 辅路/匝道 | 行车道 | 辅路 | 行车道（辅路） | 改移道路及机耕道 | 桥下汽车通道 |
| 代号 | N—1 | N—2 | N—3 | N—4 | N—5 | N—6 | N—7 |
| 图式 | 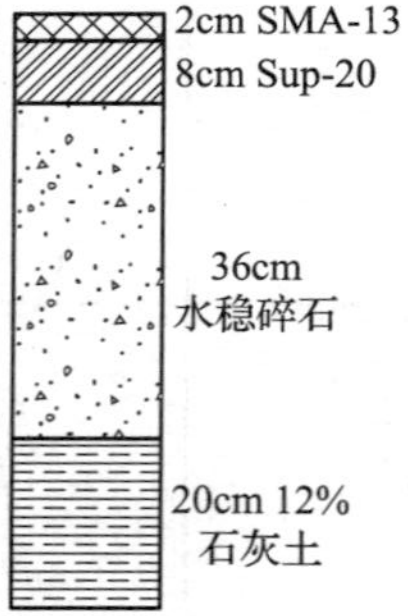 2cm SMA-13<br>8cm Sup-20<br>36cm 水稳碎石<br>20cm 12% 石灰土 | 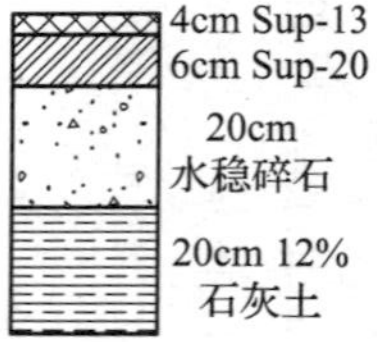 4cm Sup-13<br>6cm Sup-20<br>20cm 水稳碎石<br>20cm 12% 石灰土 | 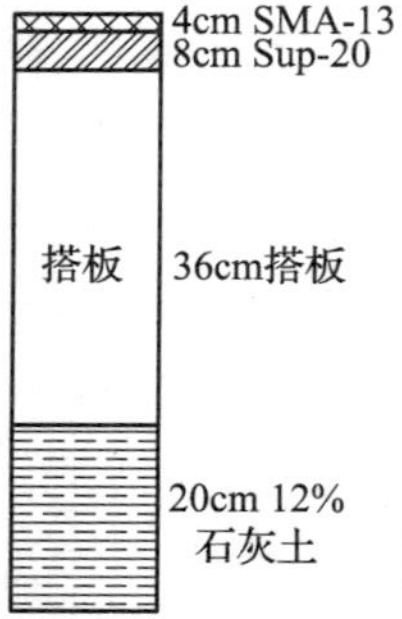 4cm SMA-13<br>8cm Sup-20<br>搭板 36cm搭板<br>20cm 12% 石灰土 | 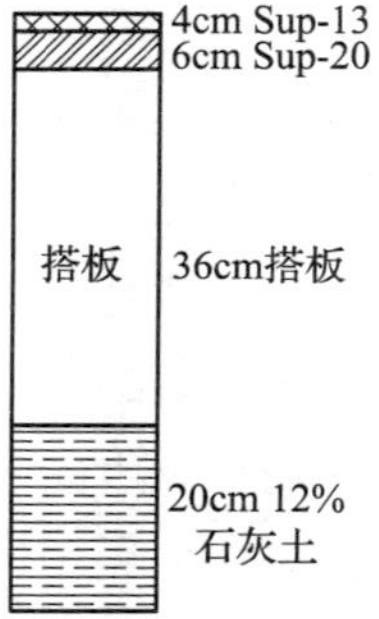 4cm Sup-13<br>6cm Sup-20<br>搭板 36cm搭板<br>20cm 12% 石灰土 | 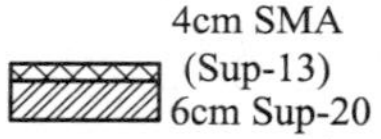 4cm SMA (Sup-13)<br>6cm Sup-20 | 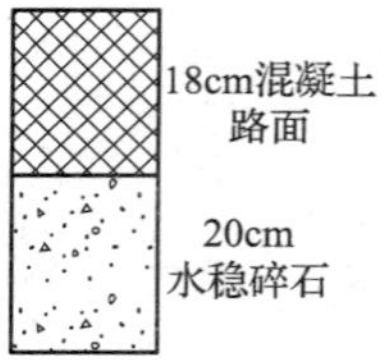 18cm混凝土路面<br>20cm 水稳碎石 | 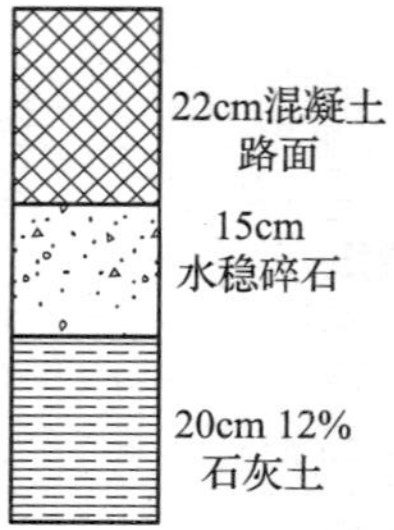 22cm混凝土路面<br>15cm 水稳碎石<br>20cm 12% 石灰土 |
| 适用条件 | $E_0 \geqslant 40$ MPa | $E_0 \geqslant 35$ MPa | 搭板长 6 m | 搭板长 6 m | | | |
| 路面厚度 | 68 cm | 50 cm | 68 cm | 66 cm | 10 cm | 38 cm | 57 cm |
| 方案说明 | 适用于新建部分 | 适用于辅路 | 适用于行车道桥头搭板设计 | 路面结构层厚度 >50 cm，可降低路床高度 | | | |

3. 识读下图所示的路面结构设计图。

路面边部构造图(一)

沥青面层
水稳碎
石基层
中分带填土
中分带填土
沥青面层
水稳碎
石基层
24
15
1:1
1:1
15
24
12%石灰土底基层
12%石灰土底基层

路面边部构造图(二)

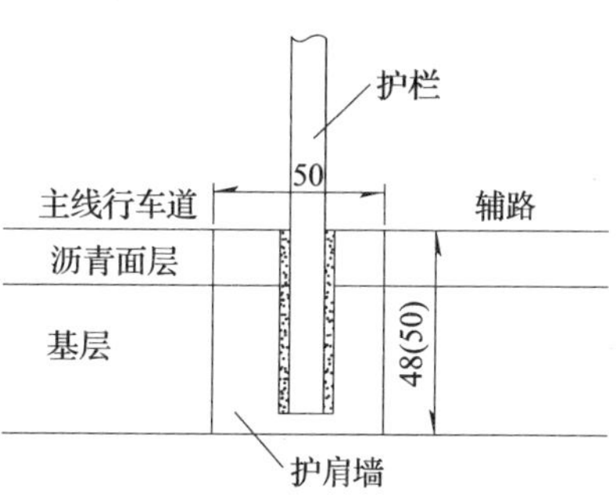


路面边部构造图(三)

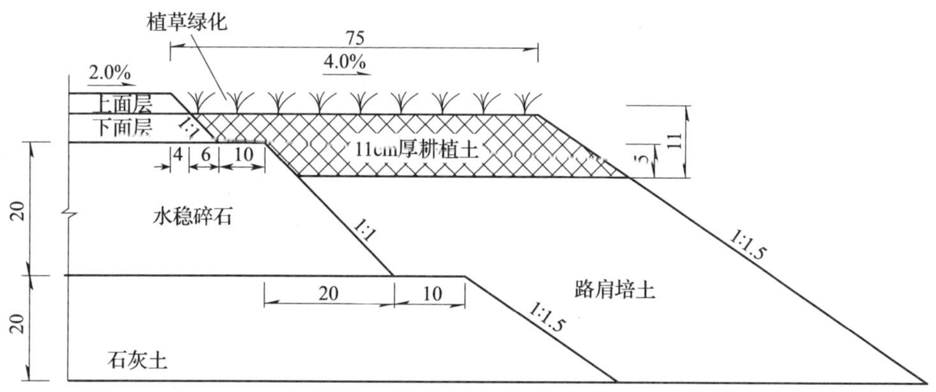


4. 阅读上述路面结构图、路面结构设计图，回答以下问题：

(1) 熟悉路面结构图，看懂所给的每个图。

(2) 比较路面结构图中，各路面结构图示的特点。

(3) “SMA-13” 的含义是：________________。

(4) “8cm Sup-20” 的含义是：________________。

(5) “12% 石灰土” 的含义是：________________。

(6) 绘制“水稳碎石”和“混凝土路面”的图例。

# 课题二　钢筋混凝土结构图

## 一、填空题（请将正确答案填在空白处）

1．用文字说明在钢筋结构图中“$\frac{10\phi6}{l=83@12}$③”符号的意义。“③”表示______________；“10”表示______________；“$\phi6$”表示______________；“$l=83$”表示______________；“@12”表示______________。

2．写出钢筋符号，Ⅰ级钢筋符号____，Ⅱ级钢筋符号____，Ⅲ级钢筋符号____，Ⅳ级钢筋符号____，Ⅴ级钢筋符号____，冷拉Ⅱ级钢筋符号____。

3．在钢筋结构图中，构建的轮廓用________线表示，钢筋用________线表示，钢筋的横截面用________线表示。

4．按钢筋在整个结构中的作用不同可分为受力筋、____________、____________、____________、____________。

5．对于光圆外形的受力筋，为了增加它与混凝土的黏结力，在钢筋端部做成________。

6．钢筋弯钩的形式有____________、____________和____________三种。

7．在桥梁工程图中，钢筋直径的尺寸以________为单位，高程以________为单位，其余尺寸均以________为单位。

## 二、选择题（请在下列选项中选择一个正确答案并填在括号内）

1．在钢筋混凝土详图中 $\phi10@20$ 是指配Ⅰ级钢筋（　　）。

A．10 根、直径为 20 mm　　B．20 根、直径为 10 mm

C．直径为 10 mm、间距 200 mm　　D．直径为 10 mm、间距 20 mm

2．纵向受力筋的混凝土保护层厚度是指（　　）。

A．钢筋外边缘到混凝土表面的垂直距离

B．梁截面受压的外边缘至受拉钢筋合力重心的距离

C．受拉钢筋合力点至截面受拉边缘的距离

D．受压区纵向钢筋的合力点至受压区边缘的距离

## 三、识图题

1．画出下列道路建筑材料图例。

（1）钢筋混凝土

（2）浆砌片石

（3）级配碎石

2. 画出下图所示的钢筋混凝土梁的2—2剖面图，并填写以下各项，尺寸单位以毫米（mm）计。

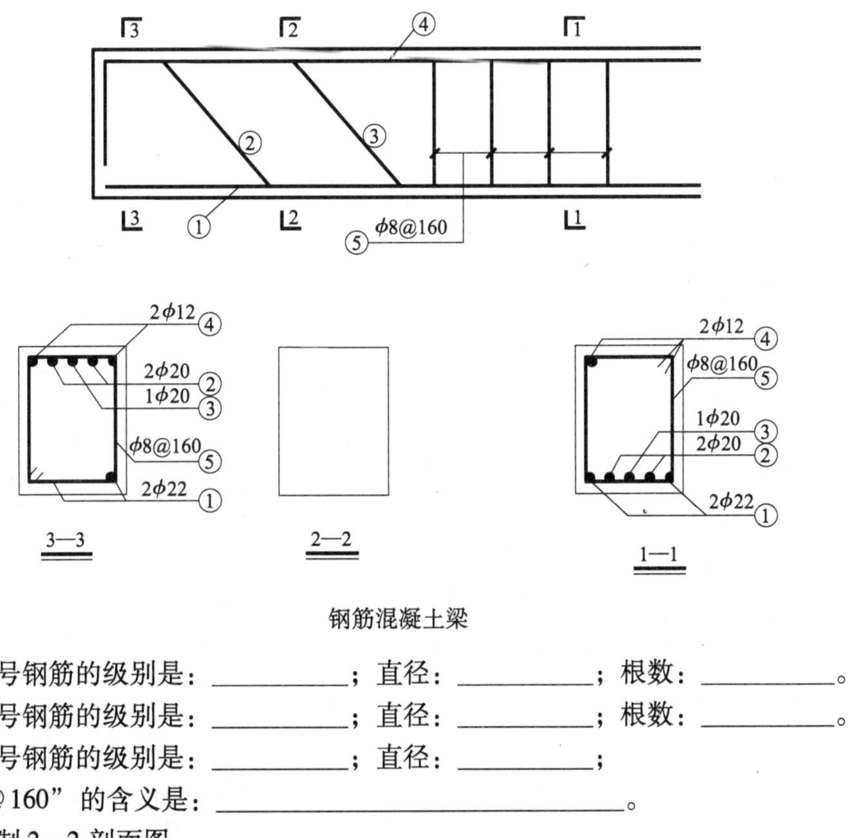


钢筋混凝土梁

（1）①号钢筋的级别是：__________；直径：__________；根数：__________。

（2）④号钢筋的级别是：__________；直径：__________；根数：__________。

（3）⑤号钢筋的级别是：__________；直径：__________；

（4）“@160”的含义是：____________________________。

（5）绘制2—2剖面图。

3. 阅读下图所示的栏杆构造图，填写工程数量表。

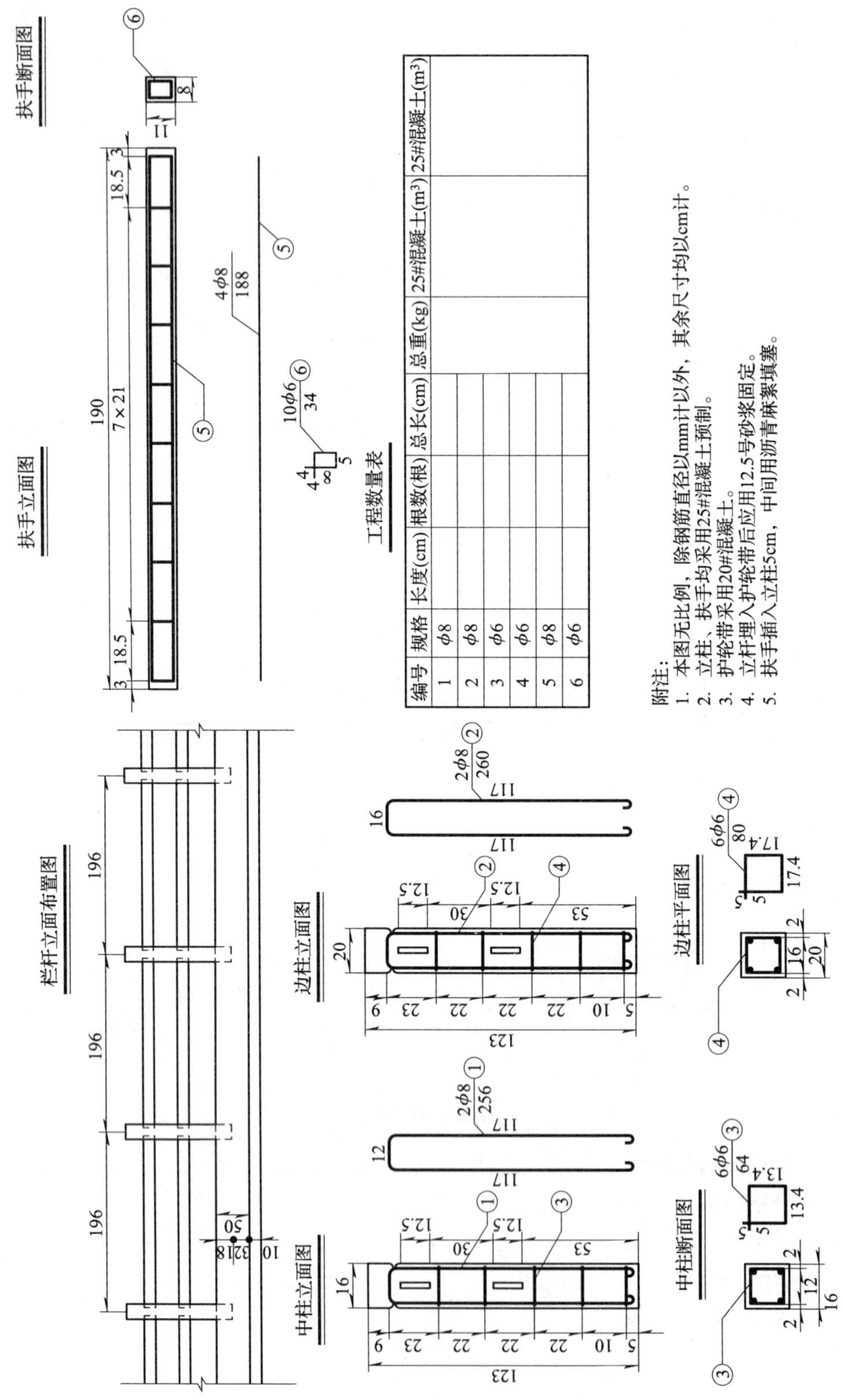


工程数量表

| 编号 | 规格 | 长度(cm) | 根数(根) | 总长(cm) | 总重(kg) | 25#混凝土($m^3$) | 25#混凝土($m^3$) |
|---|---|---|---|---|---|---|---|
| 1 | φ8 | | | | | | |
| 2 | φ8 | | | | | | |
| 3 | φ6 | | | | | | |
| 4 | φ6 | | | | | | |
| 5 | φ8 | | | | | | |
| 6 | φ6 | | | | | | |

附注：
1. 本图无比例，除钢筋直径以mm计以外，其余尺寸均以cm计。
2. 立柱、扶手均采用25#混凝土预制。
3. 护轮带采用20#混凝土。
4. 立杆埋入护轮带后应用12.5号砂浆固定。
5. 扶手插入立柱5cm，中间用沥青麻絮填塞。

4. 阅读下图所示的 T 形梁钢筋结构图，补全钢筋成形图。

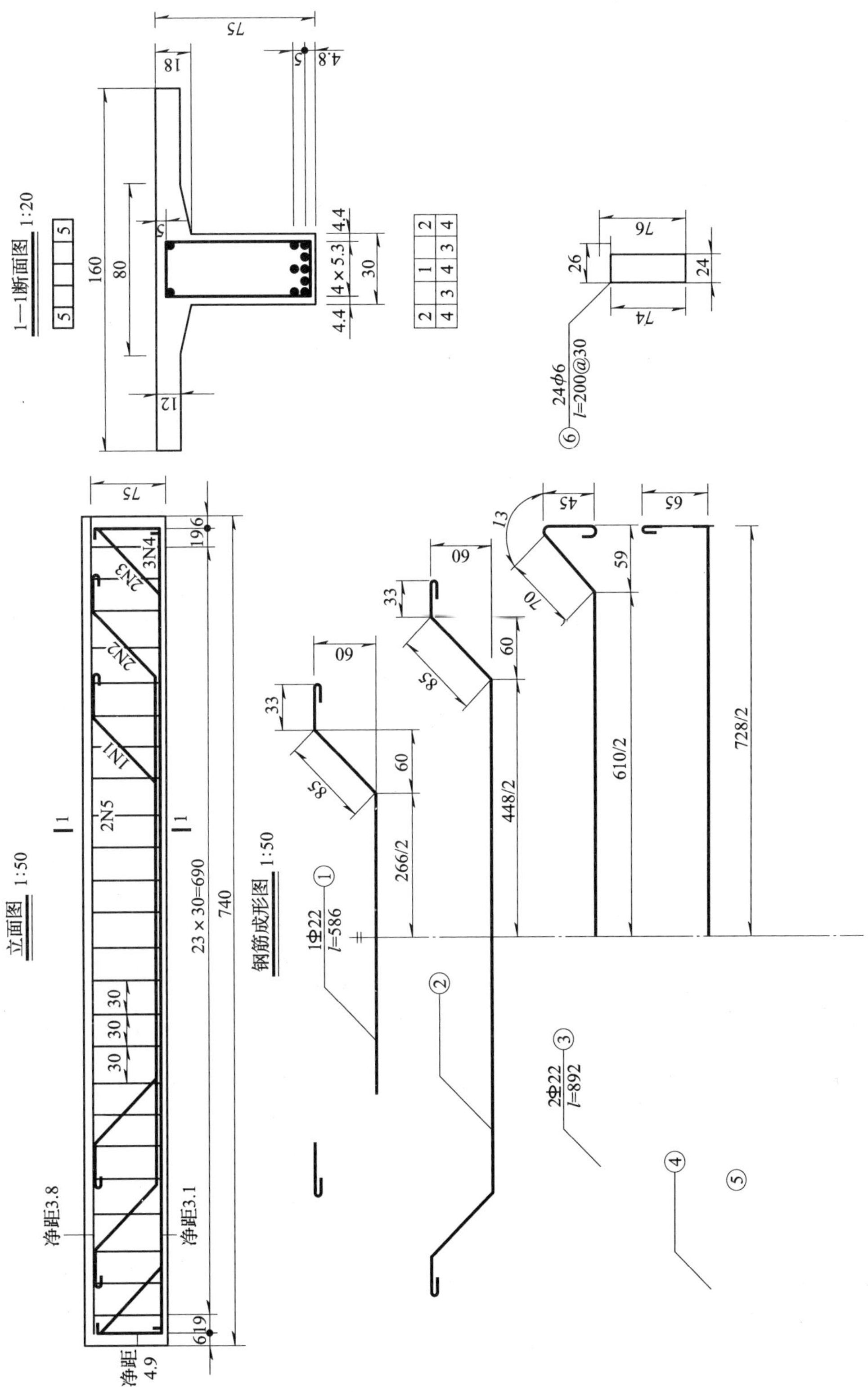

5．阅读下图所示的桥台基础钢筋构造图，补全2—2剖面图，完成工程数量表。

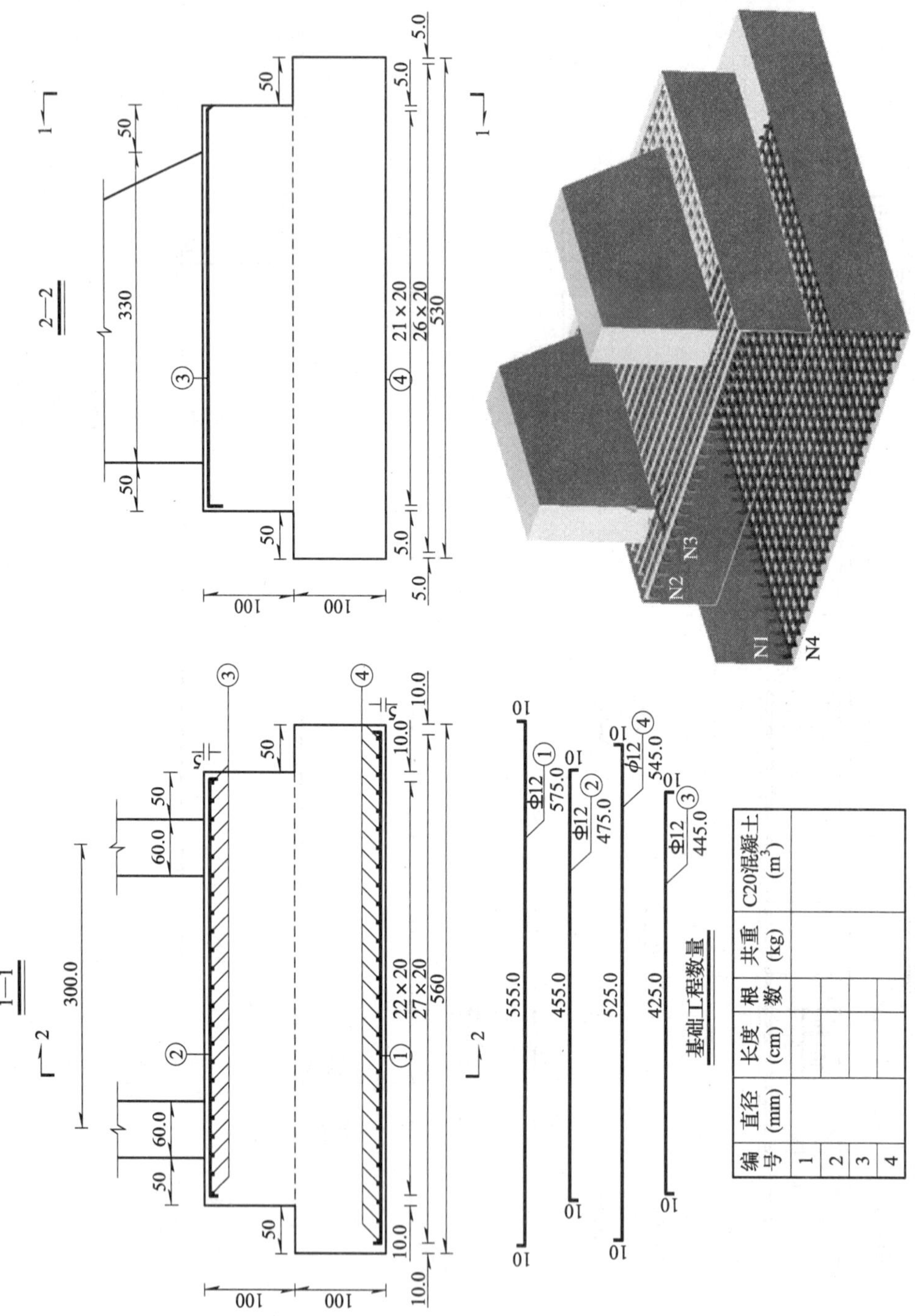


| 编号 | 直径(mm) | 长度(cm) | 根数 | 共重(kg) | C20混凝土($m^3$) |
|---|---|---|---|---|---|
| 1 | | | | | |
| 2 | | | | | |
| 3 | | | | | |
| 4 | | | | | |

# 课题三　排水工程图和防护工程图

## 一、填空题（请将正确答案填在空白处）

1. 公路排水系统包括________系统和________系统。前者由________、________、________、跌水和急流槽、倒虹吸、渡水槽、拦水带、蒸发池等组成；后者由________、渗沟、渗水井等组成。

2. 边沟一般设置在________，其作用是________________。

3. 截水沟一般设置在________________，其作用是________________。

4. 边沟常见的断面形式有梯形、________、________和矩形。

5. 当水流需要横跨路基，但又受到设计标高上的限制，而不能按正常条件下设置涵洞时，可采用管道和沟槽，从路基底部或上部架空跨越，前者称________，后者为________。

6. 路基防护工程是为了防止路基发生变形和破坏，保护路基的________和________，常用挡土墙进行保护。

7. 挡土墙一般由________、________、________和沉降伸缩缝组成，是一种能够抵抗侧向土压力，防止墙后土体坍塌的建筑物。

## 二、选择题（请在下列选项中选择一个正确答案并填在括号内）

1. 为了排除路基范围内及流向路基的少量地表水，可设置（　　）。

A. 排水沟　　B. 急流槽

C. 边沟　　D. 天沟

2. 当路基上侧山坡汇水面积较大时，应在挖方坡顶以外或填方路基上侧适当距离设（　　）。

A. 边沟　　B. 截水沟

C. 排水沟　　D. 渗水井

3. （　　）具有吸收、降低、汇集、排除地下水的功能。

A. 暗沟　　B. 渗沟

C. 截水沟　　D. 渗水井

4. 截水沟在平面上布置的特点是（　　）。

A. 与水流方向平行　　B. 与水流方向相交

C. 与水流方向垂直　　D. 因地形而异

## 三、判断题（判断正误并在括号内填√或×）

1．截水沟的主要目的是为了拦截地下水，减少对路基的危害。（ ）
2．暗沟可以拦截、排除地下水。（ ）
3．截水沟断面一般为梯形，底宽及深度不小于0.4 m。（ ）
4．跌水每级高度与长度之比应大致等于地面坡度。（ ）

## 四、识图题

挡土墙设计图一般由立面图、平面图及一定数量的断面图组成。识读下图所示的护肩墙设计图，回答下列问题。

1．识读立面图

（1）图示挡土墙属于哪种形式？

（2）说明挡土墙的分段情况及每段尺寸。

（3）说明伸缩缝的位置及尺寸。

（4）说明挡土墙高度方向的尺寸及墙顶、基础、基底等处的标高。

（5）说明泄水孔、护栏的位置及尺寸。

2．识读平面图

说明挡土墙与路线的位置关系。

3．识读侧面图

说明在道路纵方向上挡土墙的位置。

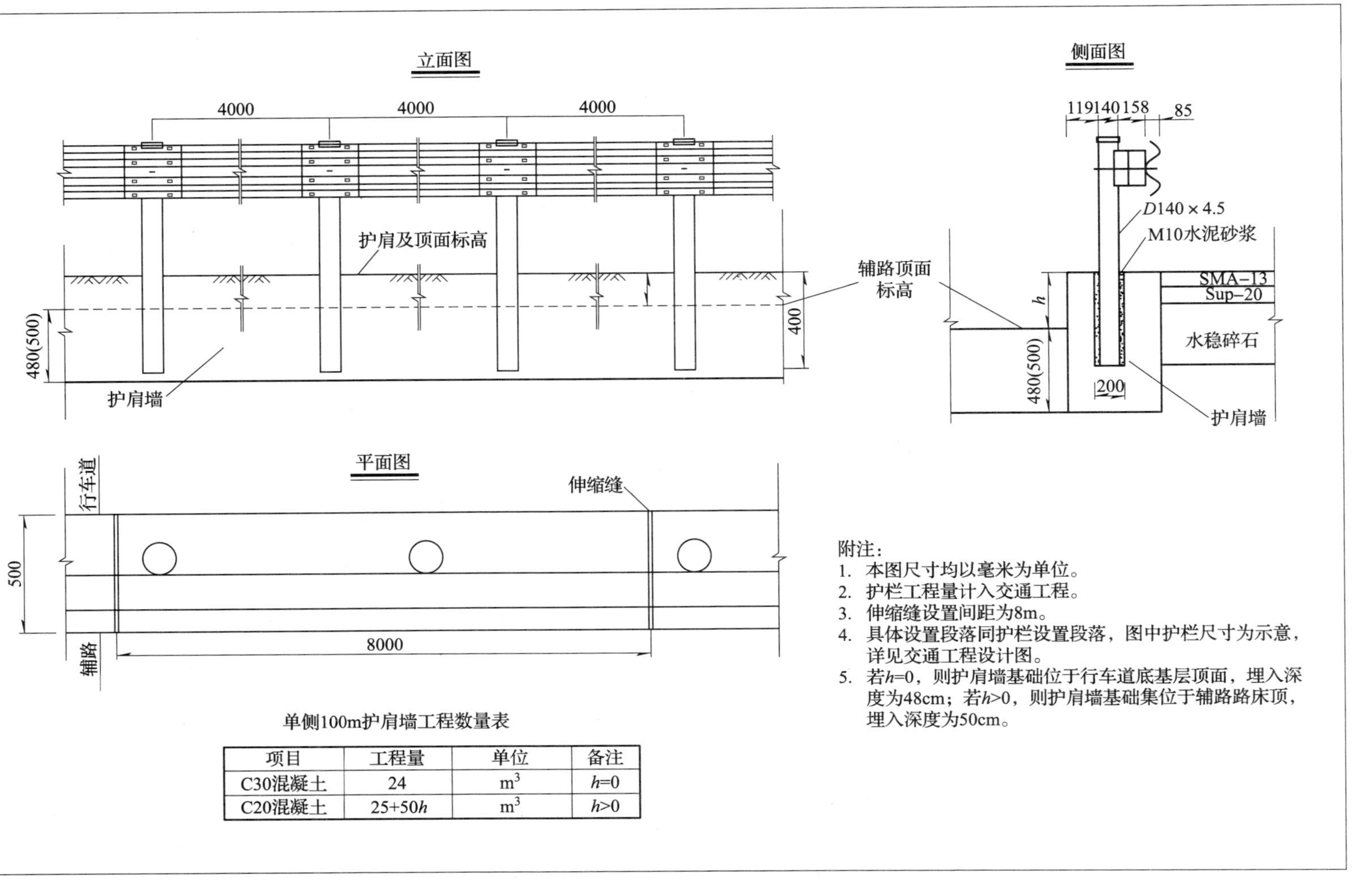


单侧100m护肩墙工程数量表

| 项目 | 工程量 | 单位 | 备注 |
|---|---|---|---|
| C30混凝土 | 24 | $m^3$ | $h$=0 |
| C20混凝土 | 25+50$h$ | $m^3$ | $h$>0 |

附注：

1. 本图尺寸均以毫米为单位。
2. 护栏工程量计入交通工程。
3. 伸缩缝设置间距为8m。
4. 具体设置段落同护栏设置段落，图中护栏尺寸为示意，详见交通工程设计图。
5. 若$h$=0，则护肩墙基础位于行车道底基层顶面，埋入深度为48cm；若$h$>0，则护肩墙基础集位于辅路路床顶，埋入深度为50cm。

护肩墙设计图

# 模块八　识读桥梁工程图

## 课题一　桥位平面图和桥位地质断面图

### 一、填空题（请将正确答案填在空白处）

识读下面的某桥桥位平面图和某桥桥位地质断面图，完成下列题目。

1．桥梁的全长约为__________m，每跨长为__________m。

2．桥的地质勘测孔设有__________个，“$K_3\frac{1001.6}{20.0}$”表示该孔为__________孔，孔口高程为__________，孔的深度为__________。

3．在桥位定点时，周围有__________个主要的水准点，其中 $BM_2$ 的高程为__________m。

4．桥位地质断面图水平方向采用比例为__________，竖直方向采用比例为__________。

5．第四个勘测孔距离第一个勘测孔__________m 远。

### 二、选择题（请在下列选项中选择一个正确答案并填在括号内）

识读下面的某桥桥位平面图和某桥桥位地质断面图，完成下列题目。

1．该桥为（　　）跨。

A．3　　B．4　　C．5　　D．6

2．该桥在整个道路中距离路的起点（　　）m。

A．3 000 ~4 000　　B．4 000 ~5 000

C．5 000 ~6 000　　D．6 000 ~7 000

3．在桥的中心线位置下河流常水位高度为（　　）m。

A．1 001.1　　B．1 003.0　　C．1 016　　D．1 018

4．桥下河流的流向为（　　）。

A．南—北　　B．东—西　　C．北—南　　D．西—东

5．第二个勘测孔所在的位置，粉土层的厚度约为（　　）m。

A．1　　B．4　　C．8　　D．10

图例

动探孔　取样孔　综合孔

剖面线及编号

$K_1\frac{1012.5}{20.0}$ 编号$\frac{孔口高程(m)}{孔深(m)}$

某桥桥位平面图

1—1桥梁工程地质断面图
H1:500　V1:200
标高(m)
I
1012
1008
1004
1000
996
992
988
984
980
钻孔间距(m)
84.0
46.0
58.0
K1 1012.5/20.0
K2 1002.1/20.0
K3 1001.6/20.0
K4 1012.5/20.0
20.0
粉土
①
②
卵砾石
③ 砂砾石
洪水位1003.0
常水位1001.1
说明　图例:
动探孔
取样孔
综合孔
分层界线
分层编号
K3 1001.6/20.0 钻孔编号 孔口高程(m)/深度(m)

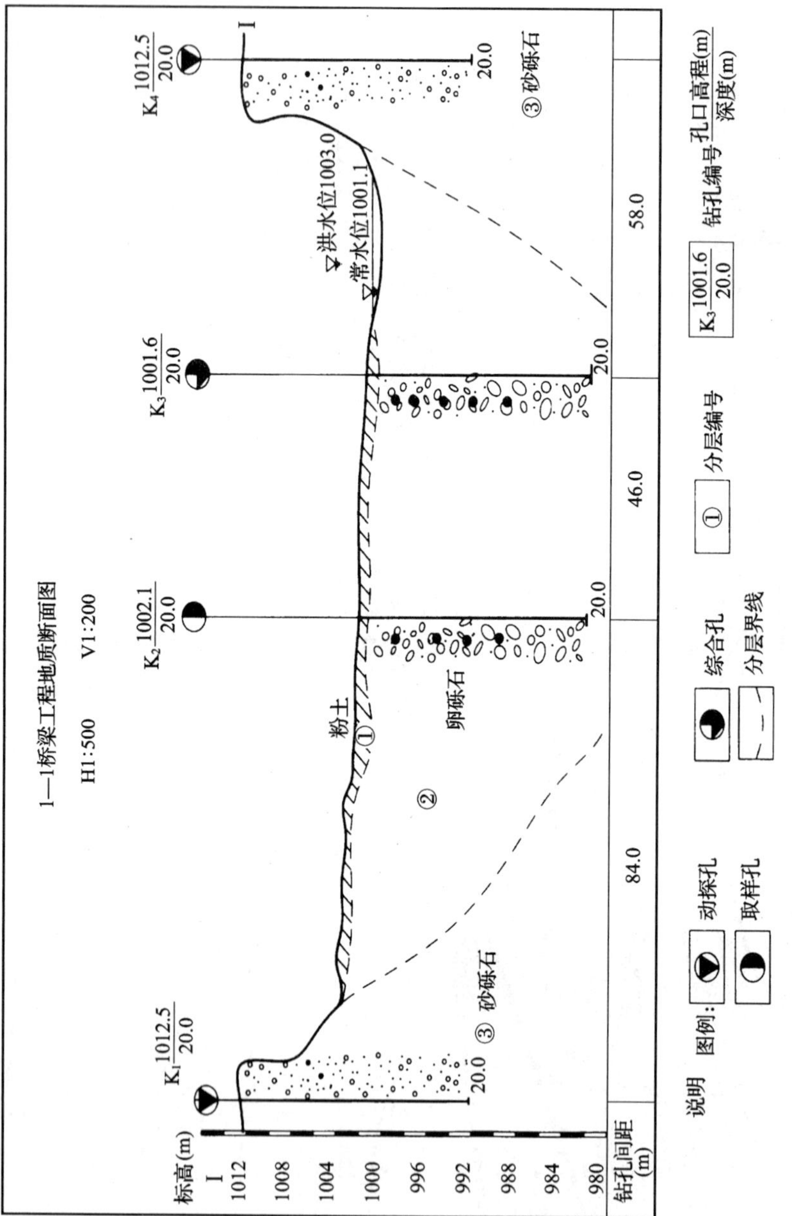

某桥桥位地质断面图

## 三、简答题

1. 简述某桥桥位平面图桥位周围的地形情况。

2. 简述某桥桥位地质断面图中，桥梁下河床的地质情况。

# 课题二　桥梁总体布置图

## 一、填空题（请将正确答案填在空白处）

识读下面的某拱桥总体布置图，完成下列题目。

1. 拱桥的立面布置图采用半幅__________图和半幅__________图。

2. 拱桥的全长为______ m，主拱圈采用______线型，净高为______ m，净跨径为______ m。

3. 为了保护主拱圈，在距离两个拱角一定距离的范围内采用_______________材料，做成护拱。

4. 桥台两侧的锥形护坡坡面坡度设置为纵向______，横向______；桥台基础长______ m，宽______ m，高______ m。

5. 拱腹填料采用__________材料，它的主要特点是_____________和_____________。

## 二、选择题（请在下列选项中选择一个正确答案并填在括号内）

识读下面的某拱桥总体布置图，完成下列题目。

1. 拱桥桥面铺装层的横坡采用（　　）材料。

   A. 水稳砂砾　B. 小石子混凝土　C. 混凝土板　D. FY 防水涂料

2. 该桥是距离道路的起点（　　）开始修建。

   A. K0 +786. 69　B. K0 +804. 39　C. K0 +822. 09

3. 桥面净宽度为（　　）cm。

   A. 1 350　B. 1 540　C. 1 500　D. 1 560

4. 该拱桥路面横坡为（　　）。

   A. 2%　B. 3%　C. 1. 5%　D. 1%

5. 主拱圈采用（　　）材料。

   A. 浆砌片石　B. 浆砌块石　C. 砂砾　D. 预制块

## 三、简答题

简述某拱桥总体布置图中拱桥的基本信息。

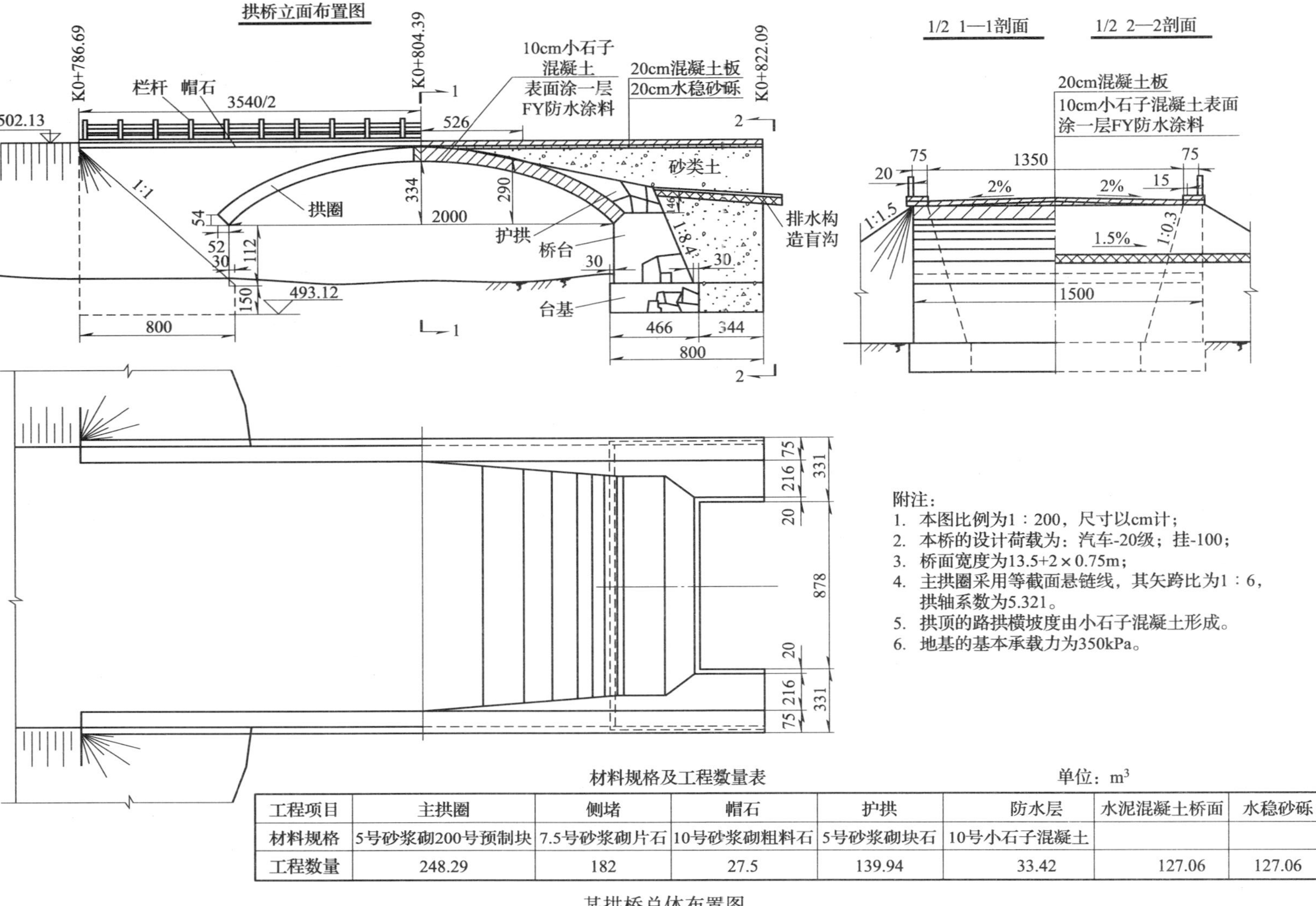


附注:

1. 本图比例为1：200，尺寸以cm计；
2. 本桥的设计荷载为：汽车-20级；挂-100；
3. 桥面宽度为13.5+2×0.75m；
4. 主拱圈采用等截面悬链线，其矢跨比为1：6，拱轴系数为5.321。
5. 拱顶的路拱横坡度由小石子混凝土形成。
6. 地基的基本承载力为350kPa。

材料规格及工程数量表　　　　单位：$m^3$

| 工程项目 | 主拱圈 | 侧堵 | 帽石 | 护拱 | 防水层 | 水泥混凝土桥面 | 水稳砂砾 |
|---|---|---|---|---|---|---|---|
| 材料规格 | 5号砂浆砌200号预制块 | 7.5号砂浆砌片石 | 10号砂浆砌粗料石 | 5号砂浆砌块石 | 10号小石子混凝土 | | |
| 工程数量 | 248.29 | 182 | 27.5 | 139.94 | 33.42 | 127.06 | 127.06 |

某拱桥总体布置图

# 课题三　桥梁构件图

## 识图题

1．识读下面的桥台构造图，简述该桥台的构造和主要尺寸。

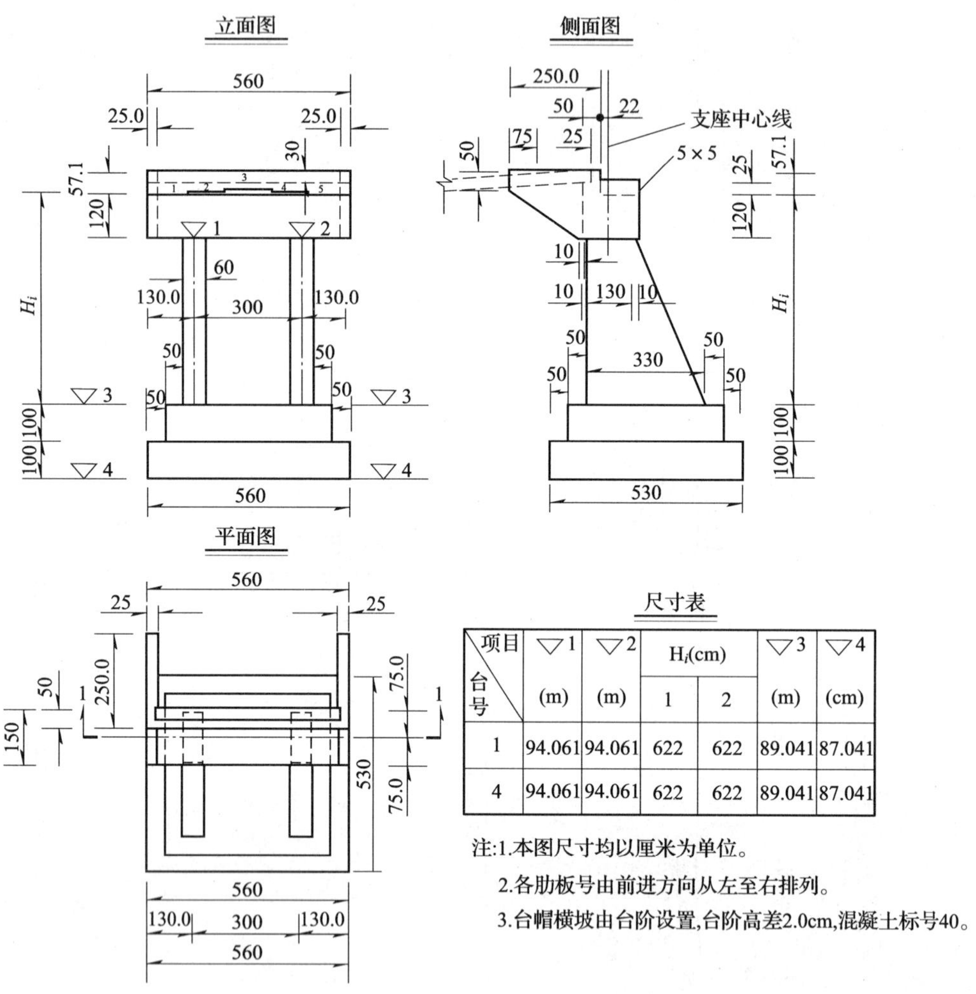


尺寸表

| 项目<br>台号 | ▽1<br>(m) | ▽2<br>(m) | $H_i$(cm)<br>1 | <br>2 | ▽3<br>(m) | ▽4<br>(cm) |
|---|---|---|---|---|---|---|
| 1 | 94.061 | 94.061 | 622 | 622 | 89.041 | 87.041 |
| 4 | 94.061 | 94.061 | 622 | 622 | 89.041 | 87.041 |

注:1.本图尺寸均以厘米为单位。

2.各肋板号由前进方向从左至右排列。

3.台帽横坡由台阶设置,台阶高差2.0cm,混凝土标号40。

桥台构造图

在下列空白处识读桥台构造和主要尺寸：

2. 根据下面的“桥墩构造图”，识读该桥墩的构造和主要尺寸。

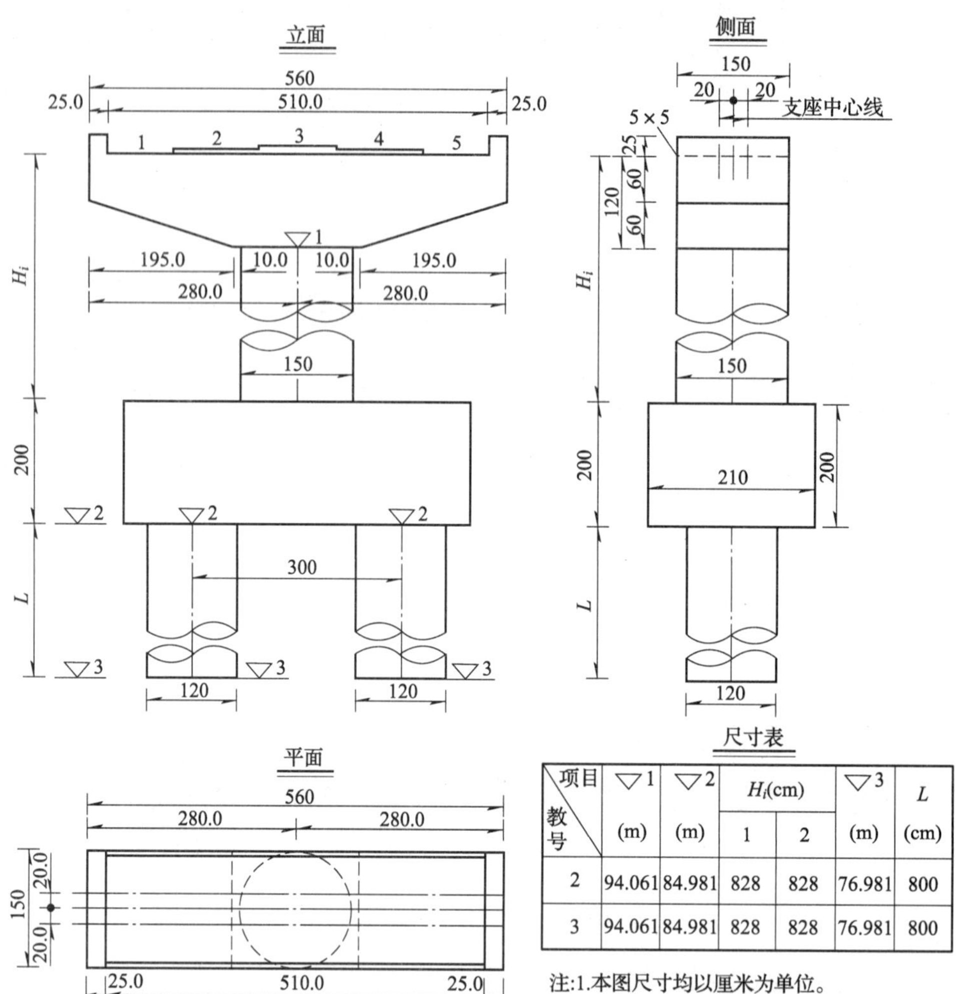


| 项目 \ 墩号 | ▽1 (m) | ▽2 (m) | $H_i$(cm) 1 | $H_i$(cm) 2 | ▽3 (m) | $L$ (cm) |
|---|---|---|---|---|---|---|
| 2 | 94.061 | 84.981 | 828 | 828 | 76.981 | 800 |
| 3 | 94.061 | 84.981 | 828 | 828 | 76.981 | 800 |

注:1.本图尺寸均以厘米为单位。

2.各墩柱号由路线前进方向从左至右排列。

3.墩帽横坡由台阶设置,台阶高差2.0cm,混凝土标号40。

桥墩构造图

在下列空白处识读桥墩构造和主要尺寸：

# 模块九　识读涵洞与隧道工程图

## 课题一　涵洞工程图

### 一、填空题（请将正确答案填在空白处）

1．涵洞的组成主要包括__________、__________和__________。

2．阅读涵洞工程图的基本方法是：先__________________，后________________；先整体、后局部，再综合起来想象整体。

3．洞上有填土，且最小填土高度大于____ cm，适用于高路基和深沟渠处。

4．单跨跨径小于____ m，多跨跨径总长小于____ m 统称为涵洞。

5．涵洞工程图主要是由________图、________图、________图和________图构成。

### 二、选择题（请在下列选项中选择一个正确答案并填在括号内）

1．（　　）不属于涵洞常用的洞口形式。

A．端墙式　　B．八字式　　C．走廊式　　D．埋置式

2．涵洞的附属设施不包括（　　）。

A．进出口翼墙　　B．河床铺砌　　C．锥形护坡　　D．路基边坡铺砌

3．在有较大排水量、地质条件较差、路堤高度较小的地方宜设置（　　）。

A．圆管涵　　B．拱涵　　C．盖板涵　　D．箱涵

4．关于涵洞描述不正确的是（　　）。

A．洞顶不填土的成为明涵

B．明涵多适用于低路堤

C．明涵多适用于高路堤

D．涵洞的附属设施主要有锥形护坡、河床铺砌、路基边坡铺砌等

5．涵洞按照断面形式可以分为（　　）。

A．钢筋混凝土涵、混凝土涵、砖涵、石涵

B．明涵和暗涵

C．圆管涵、拱涵、箱涵、盖板涵

D．单孔涵、双孔涵、多孔涵

### 三、简答题

简述下图所示盖板涵的构造和主要尺寸。

半纵剖面图
洞口立面图
C25混凝土缘石
5号浆砌片石
砂砾垫层
半平面及半剖面图
1—1断面图
2—2断面图
注:1.本图除标高,桩号以米计外,余均以厘米计。
2.本图采用1：50的比例。
3.基底土最大承载力$10^5$kPa。

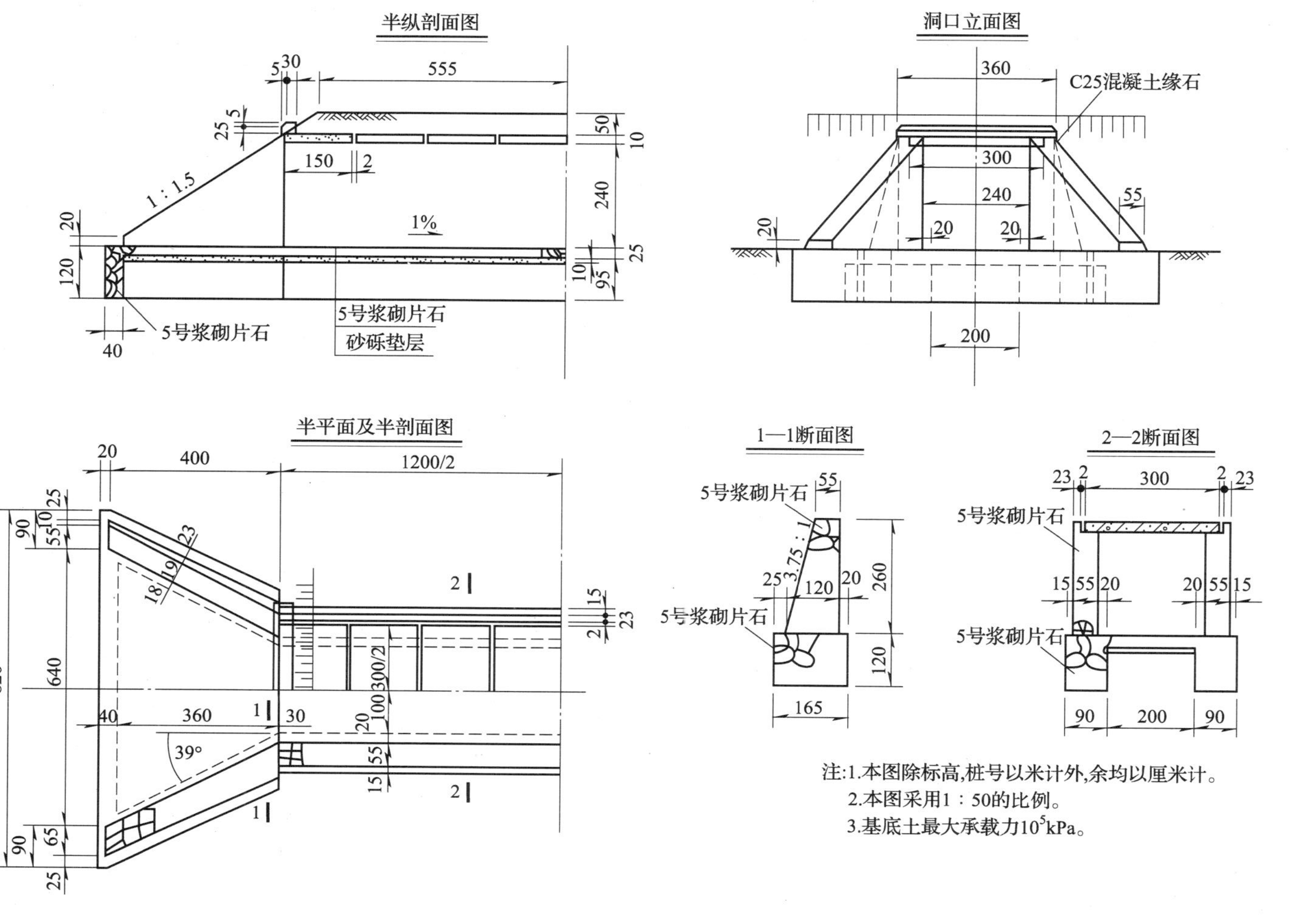

盖板涵结构图

在下列空白处识读盖板的构造和主要尺寸：

# 课题二　隧道工程图

## 一、填空题（请将正确答案填在空白处）

1. 根据地形和地质条件的不同，隧道洞门的形式主要有________________、________________和________________。

2. 隧道洞口图由________________、________________与________________来共同表达隧道洞口的结构。

3. 将隧道洞门沿隧道轴线方向分为三段，即洞门墙部分、明洞回填部分和洞外路况部分。识读洞门墙部分时，应以________________为主，结合________________来分析；识读明洞回填部分时，应以________________为主，辅以________________进行分析；识读洞外路况部分时，应以________________为主，结合________________来识读。

4. 隧道衬砌是为了防止________________，沿隧道洞身周边用钢筋混凝土等材料修建的________________。

5. 隧道衬砌的断面形式可采用____________、____________、____________及____________。

## 二、简答题

1. 隧道施工图由哪些部分组成？

2. 阅读隧道施工图的常用方法有哪些？

## 三、识图题

1. 抄绘隧道洞口设计图（一）。

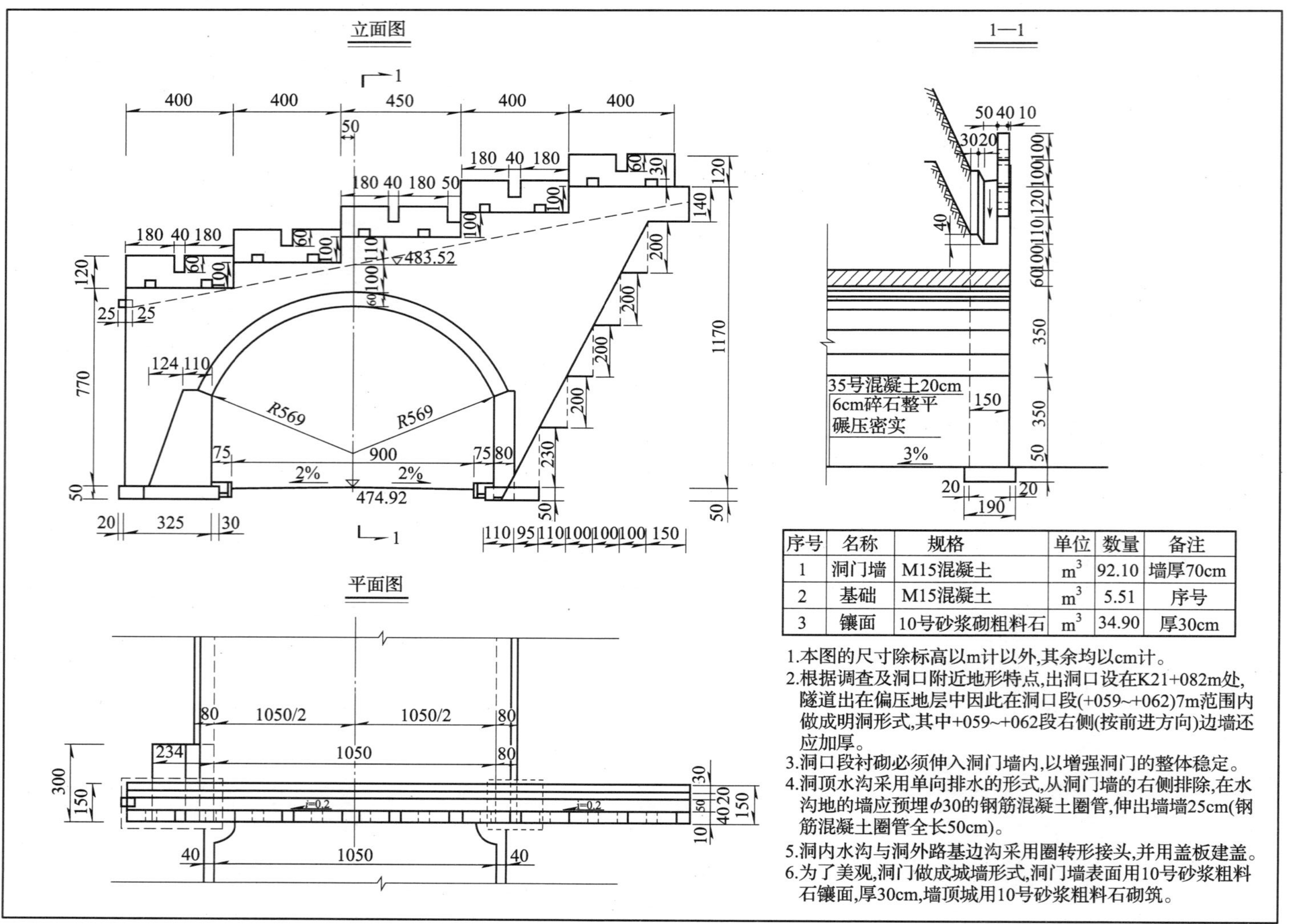


隧道洞口设计图(一)

2. 抄绘隧道洞口设计图（二）。

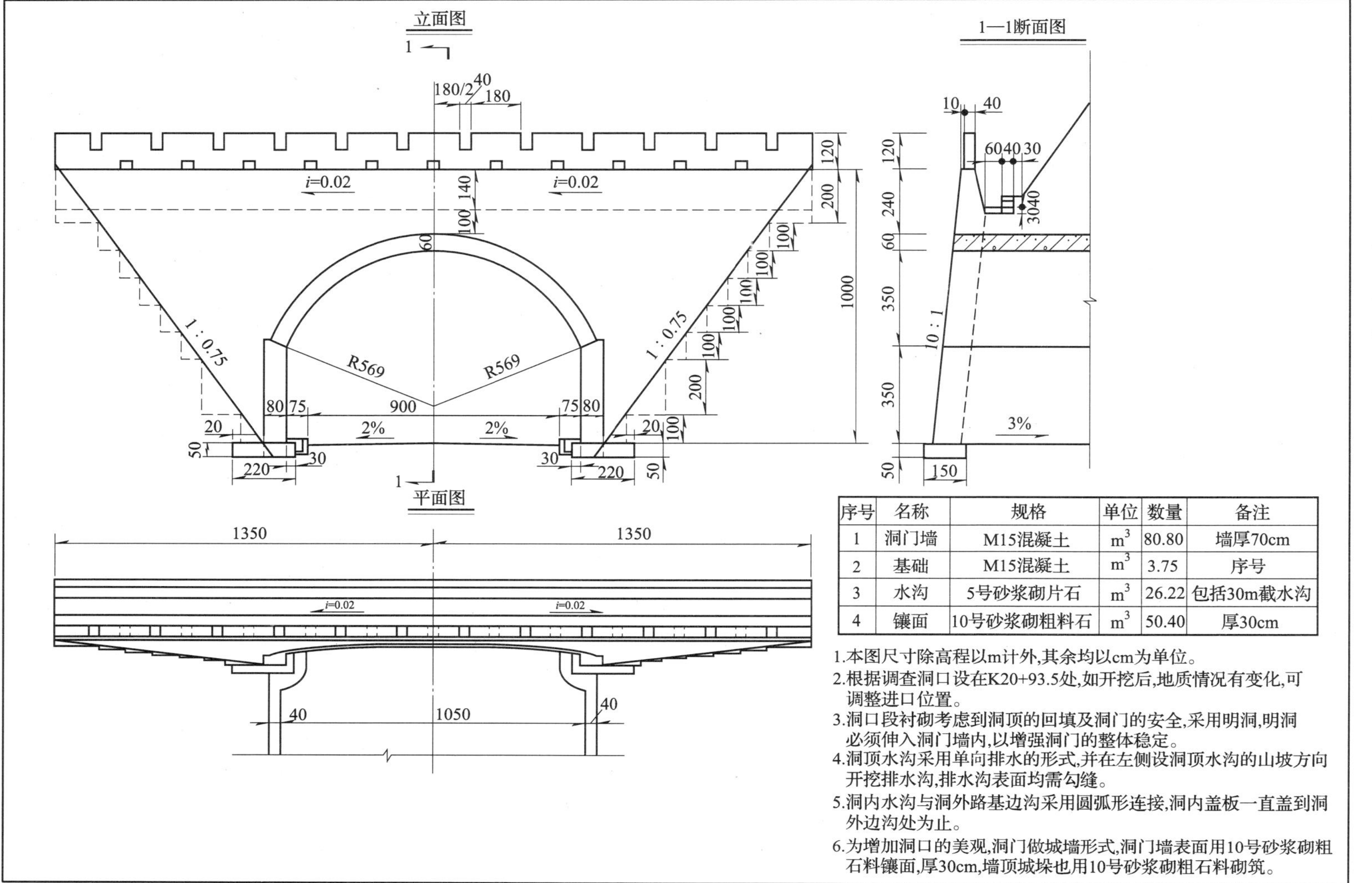


| 序号 | 名称 | 规格 | 单位 | 数量 | 备注 |
|---|---|---|---|---|---|
| 1 | 洞门墙 | M15混凝土 | $m^3$ | 80.80 | 墙厚70cm |
| 2 | 基础 | M15混凝土 | $m^3$ | 3.75 | 序号 |
| 3 | 水沟 | 5号砂浆砌片石 | $m^3$ | 26.22 | 包括30m截水沟 |
| 4 | 镶面 | 10号砂浆砌粗料石 | $m^3$ | 50.40 | 厚30cm |

1.本图尺寸除高程以m计外,其余均以cm为单位。
2.根据调查洞口设在K20+93.5处,如开挖后,地质情况有变化,可调整进口位置。
3.洞口段衬砌考虑到洞顶的回填及洞门的安全,采用明洞,明洞必须伸入洞门墙内,以增强洞门的整体稳定。
4.洞顶水沟采用单向排水的形式,并在左侧设洞顶水沟的山坡方向开挖排水沟,排水沟表面均需勾缝。
5.洞内水沟与洞外路基边沟采用圆弧形连接,洞内盖板一直盖到洞外边沟处为止。
6.为增加洞口的美观,洞门做城墙形式,洞门墙表面用10号砂浆砌粗石料镶面,厚30cm,墙顶城垛也用10号砂浆砌粗石料砌筑。

隧道洞口设计图（二）

3. 抄绘隧道洞身衬砌结构图。

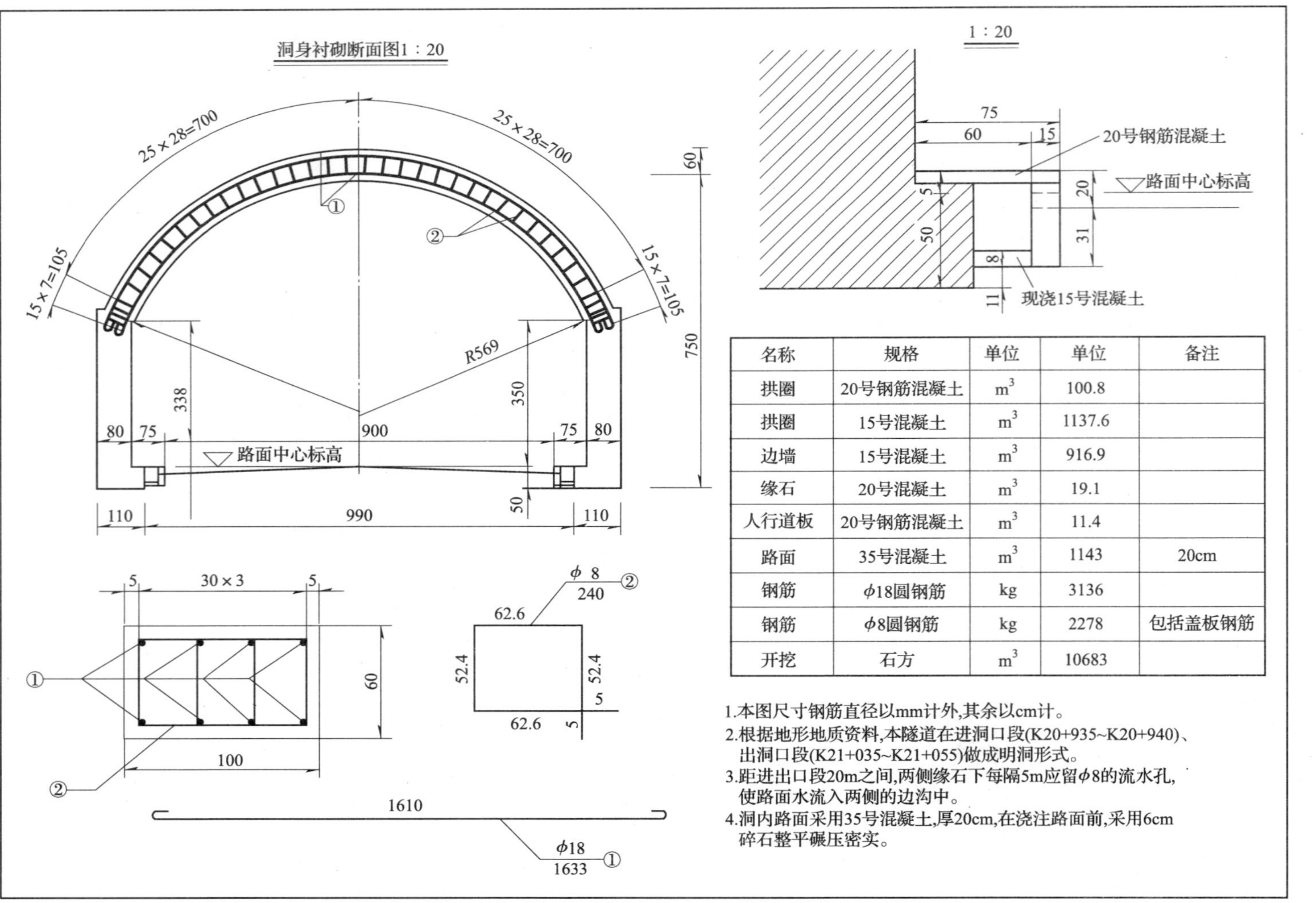


| 名称 | 规格 | 单位 | 单位 | 备注 |
|---|---|---|---|---|
| 拱圈 | 20号钢筋混凝土 | $m^3$ | 100.8 | |
| 拱圈 | 15号混凝土 | $m^3$ | 1137.6 | |
| 边墙 | 15号混凝土 | $m^3$ | 916.9 | |
| 缘石 | 20号混凝土 | $m^3$ | 19.1 | |
| 人行道板 | 20号钢筋混凝土 | $m^3$ | 11.4 | |
| 路面 | 35号混凝土 | $m^3$ | 1143 | 20cm |
| 钢筋 | φ18圆钢筋 | kg | 3136 | |
| 钢筋 | φ8圆钢筋 | kg | 2278 | 包括盖板钢筋 |
| 开挖 | 石方 | $m^3$ | 10683 | |

隧道洞身衬砌结构图

# 综合试卷一

**一、填空题（请将正确答案填在空白处。每空 1 分，共 20 分）**

1. 剖面图与断面图的区别是，剖面图是____的投影，而断面图是____的投影。

2. 路线纵断面图中设计线用____________表示，地面线为____实线。

3. 直线按与投影面相对位置不同可分为________________________、________________________、________________________。

4.《道路工程制图标准》上标注的“GB”表示________________。

5. A0 图纸（0 号图）的图幅尺寸是____ mm × ____ mm。

6.《道路工程制图标准》规定，工程图标准实线的线宽为 $b$，则细实线的线宽为____ $b$。

7. 形成投影的三要素是________________、________________、________________。

8. 正等测轴测投影图的轴间角是____。

9. 三面投影图最基本的投影规律是“________________、________________、________________”。

10. 公路路线工程图是由路线________________图、路线________________图、路线横断面图三部分组成。

**二、判断改错题（判断正误，在括号内填√或 ×，并将错误改正。每题 2 分，共 16 分）**

1. 直线与它的 $V$ 面投影的夹角是 $\beta$。（　　）

改正：

2. 点的投影是点，直线的投影是直线，平面的投影是平面。（　　）

改正：

3. 不在同一直线上的三点，可以表示一个平面，但不是唯一的平面。（　　）

改正：

4．比较 $X$ 轴坐标的大小，可以判定两点前后的位置关系。（　　）

改正：

5．凡单孔跨径小于 5 m，以及圆管涵和箱涵不论管径或跨径大小均称为涵洞。（　　）

改正：

6．两条直线的任意两个同面投影互相平行，即可判定这两条直线在空间一定平行。（　　）

改正：

7．同一地形图内等高线越密地势越陡，反之等高线越稀疏地势越平坦。（　　）

改正：

8．桥梁图一般可分为桥位平面图、桥位地质纵断面图、桥型总体布置图、构件图等几种。（　　）

改正：

**三、绘制标准指北针（共 4 分）**

## 四、作图题（每题 5 分，共 30 分）

1. 按桥台立体图画出 $V$、$H$、$W$ 面投影图（边长按 1∶1 截取）。

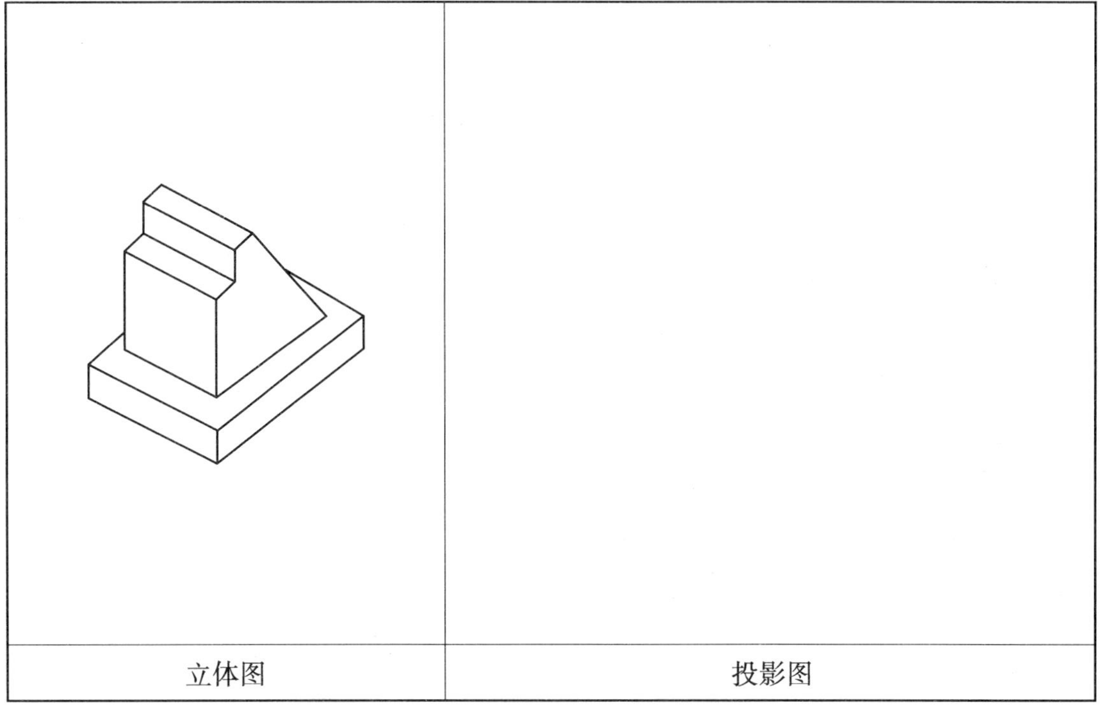


2. 求直线 $ab$ 对 $H$ 面的倾角 $\alpha$ 及线段实长。

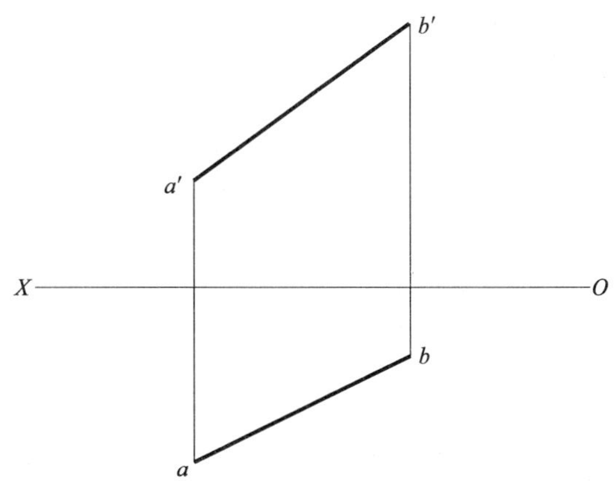

3．已知两平面，求它们的交线。

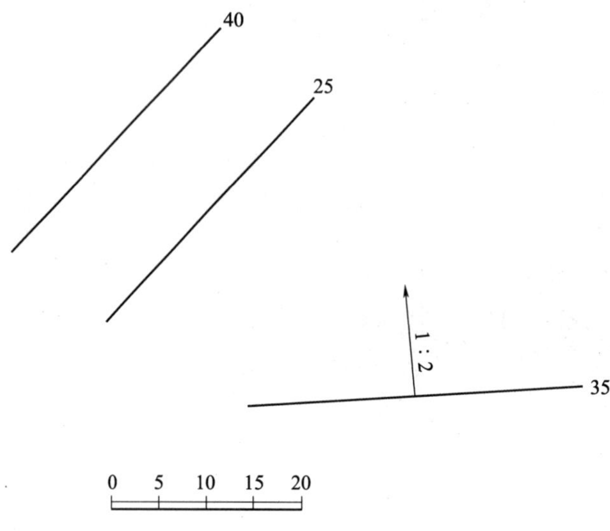


4．已知四边形平面 *ABCD* 的 *AD* 边平行于 *V* 面，*BC* 边平行于 *H* 面，完成该平面的 *V* 面投影。

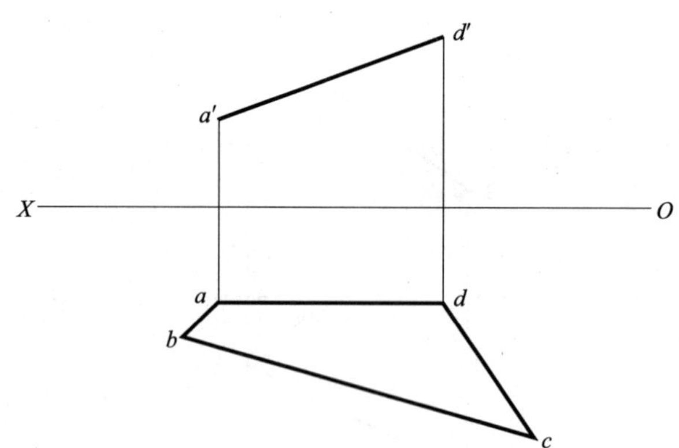

5．补全切口棱锥的三面投影。

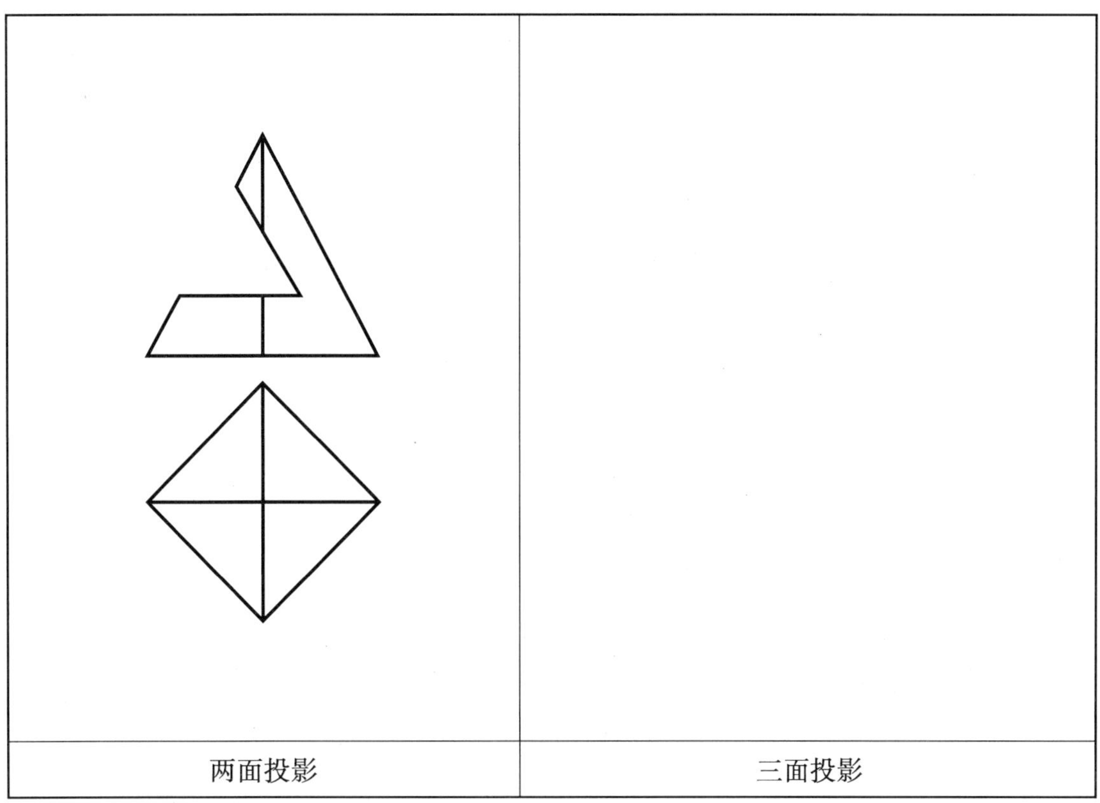


6．根据三视图画出形体的正等轴测图。

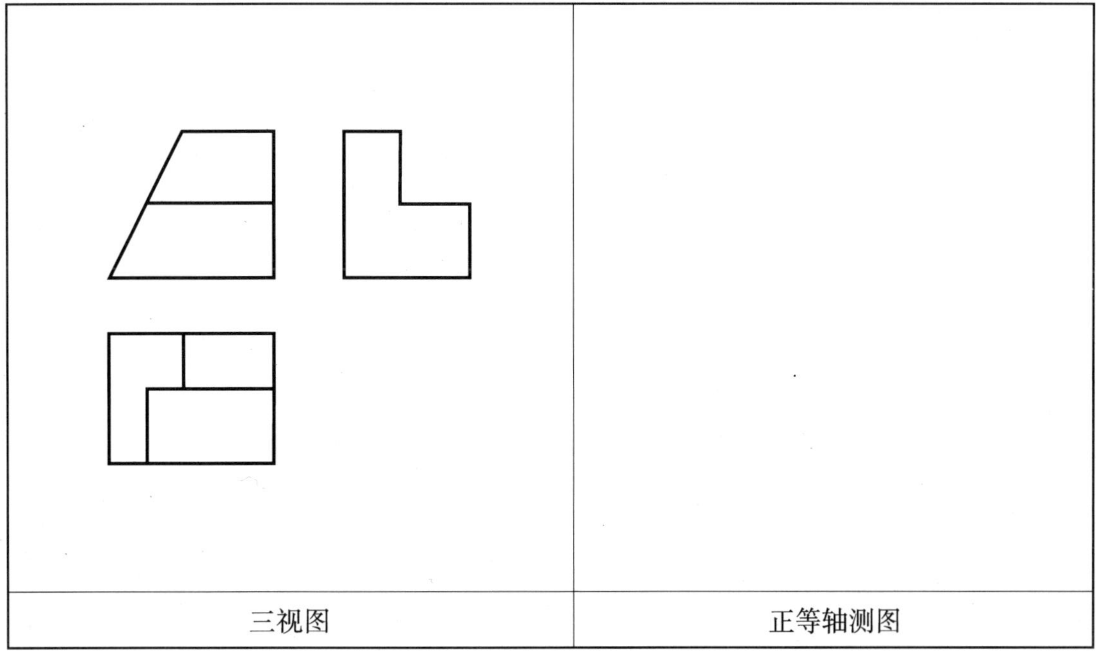

## 五、根据钢筋成形图填写表格（每空 0.5 分，共 10 分）

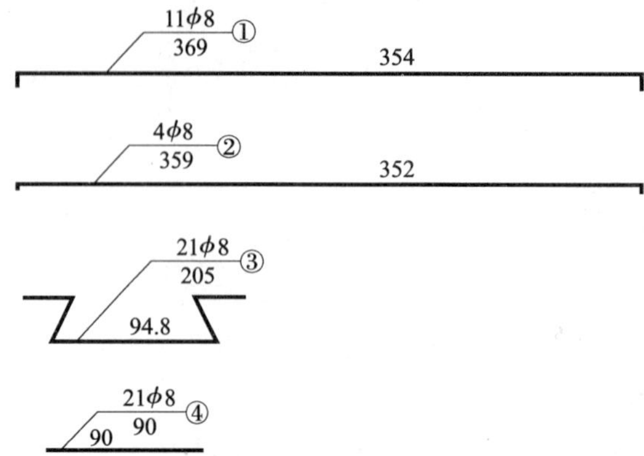


| 编号 | 直径（mm） | 每根长（cm） | 根数 | 共长（m） | 单位质量（kg/m） | 总质量（kg） |
|---|---|---|---|---|---|---|
| 1 | | | | | 1.998 | |
| 2 | | | | | 0.395 | |
| 3 | | | | | 0.395 | |
| 4 | | | | | 0.395 | |

## 六、识图题（每题 4 分，共 20 分）

在阅读如下图样（部分）后，回答下列问题：

1. 描述图中道路及桥梁的走向。

2. 线路中的平曲线半径是多少？

3. 图中“BM”的含义是什么？

4. 图中所标国家水准点的高程是多少？

5. 图中所标公路水准点的高程是多少？

××大桥桥位平面图

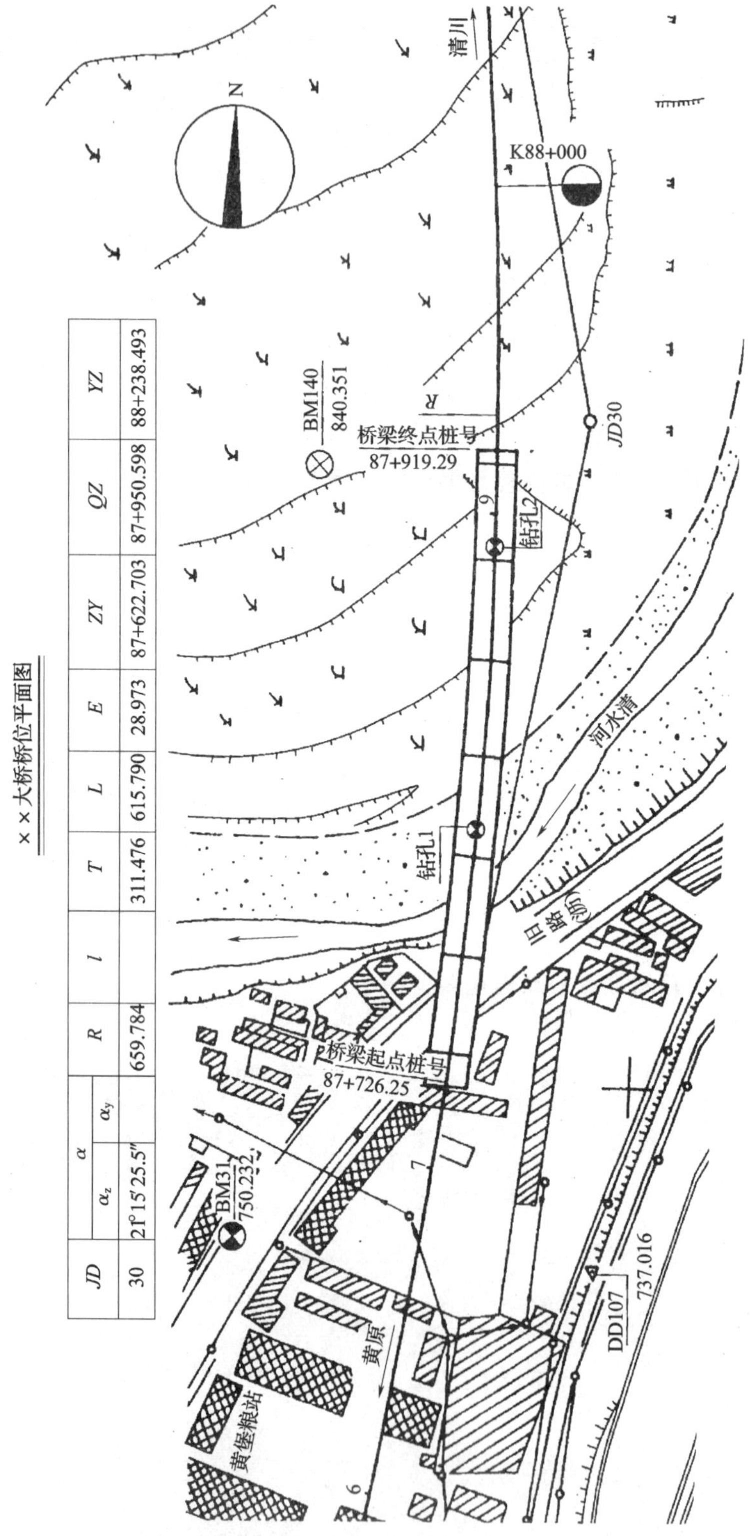

| JD | α | | R | l | T | L | E | ZY | QZ | YZ |
|---|---|---|---|---|---|---|---|---|---|---|
| | $\alpha_z$ | $\alpha_y$ | | | | | | | | |
| 30 | 21°15′25.5″ | | 659.784 | | 311.476 | 615.790 | 28.973 | 87+622.703 | 87+950.598 | 88+238.493 |

# 综合试卷二

## 一、填空题（请将正确答案填在空白处。每空 1 分，共 20 分）

1. 比例是图样中____________与____________相对应的尺寸之比。

2. 尺寸起止符以斜短线表示时，应画成____________线，倾斜方向为尺寸界线按顺时针转____。

3. 图纸幅面规格有 A0、____、____、____和 A4 等，其中 A4 的幅面尺寸为__________。

4. 长仿宋体的字高和字宽之比为______。

5. 尺寸标注的四要素为________________、________________、________________、________________。

6. 正等测投影的轴向变形系数为____。

7. 空间两直线互相平行，则它们各同面投影的长度之比必________。

8. 两直线既不平行也不相交，则称两直线________。

9. 截交线为________的平面图形。

10. 路基横断面图的基本形式有________________、________________、________________三种。

## 二、判断改错题（判断正误，在括号内填√或×，并将错误改正。每题 2 分，共 16 分）

1. 道路工程图里程桩号以 km 为单位，坡高、坡长、曲线要素以 m 为单位。（　　）
改正：

2. 在坡度标注时，只能用百分率形式表示。（　　）
改正：

3. 点的 $X$ 轴坐标，等于点到 $V$ 面的距离。（　　）
改正：

4．点的投影在直线的投影上，则该点必在该直线上。 （　　）

改正：

5．当互相垂直的两条直线共同垂直于某一投影面时，它们在该投影面上的投影才反映直角。 （　　）

改正：

6．斜二测透视图中，轴间角分别为 97°10′、131°25′、131°25′。变形系数为 $p=q=l$，$r=0.5$。 （　　）

改正：

7．物体的长度可由主（$V$ 面）、俯视（$W$ 面）图来确定。 （　　）

改正：

8．$A$、$B$ 两点的坐标为 $A$（0，17，11），$B$（17，11，0），则点 $A$ 在点 $B$ 的上方、前方、右方。 （　　）

改正：

**三、绘制高程符号（共 4 分）**

## 四、作图题（每题 5 分，共 30 分）

1. 求直线 $ab$ 对 $V$ 面的倾角 $\beta$ 及线段实长。

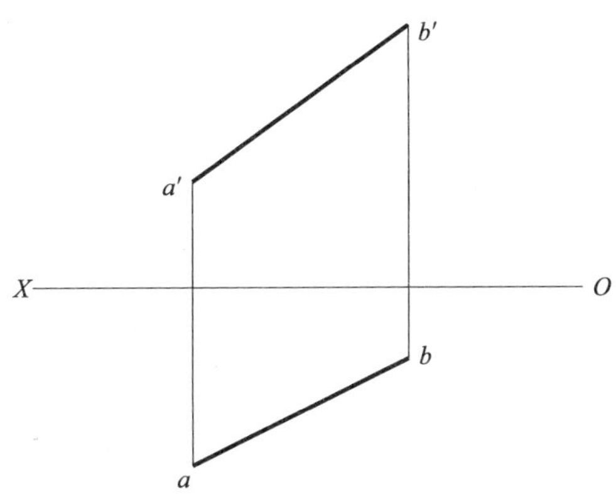


2. 根据轴测图画出三面投影。

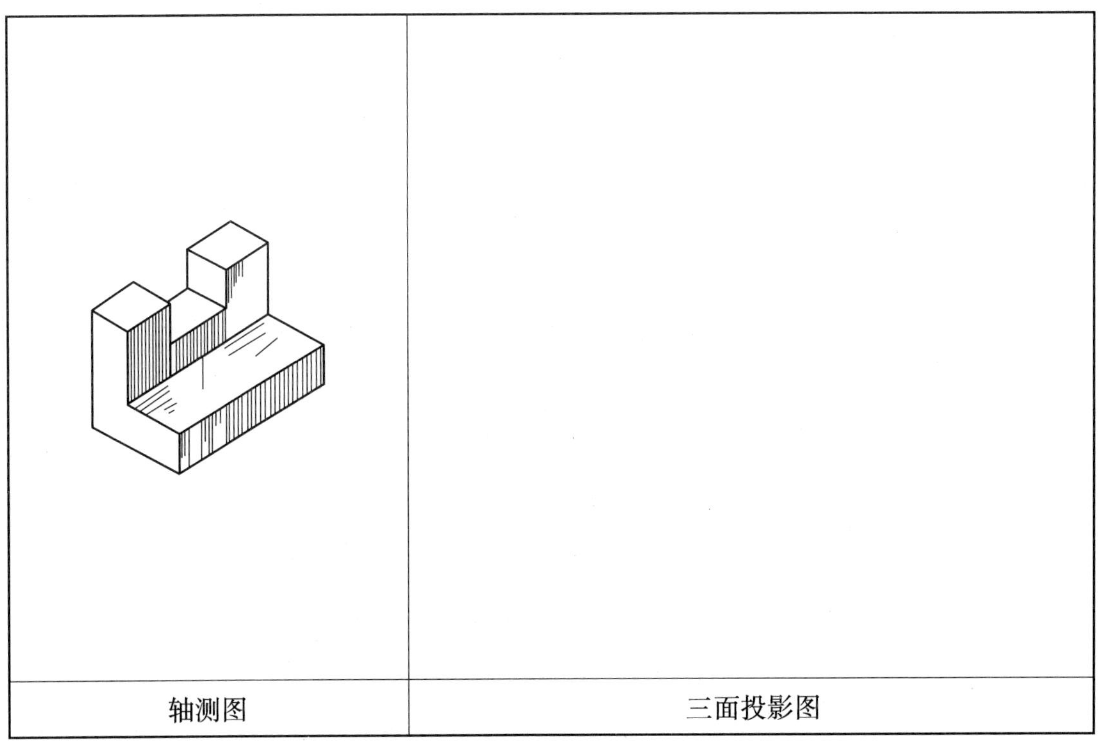

3．找到 $C$ 点的 $V$ 面投影 $c'$，并完成四边形的 $V$ 面投影。

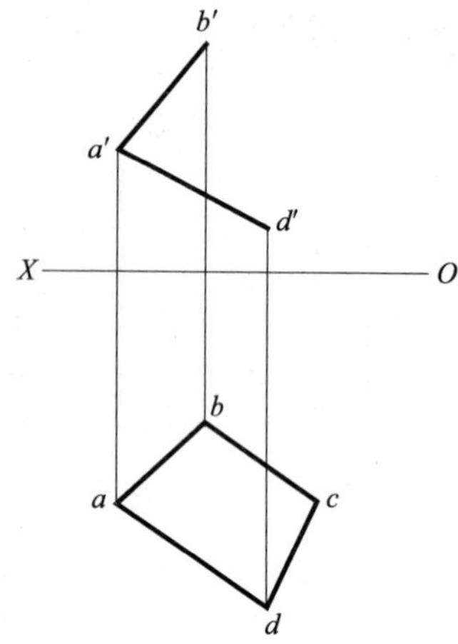


4．作平面上的等高线和坡度比例尺。

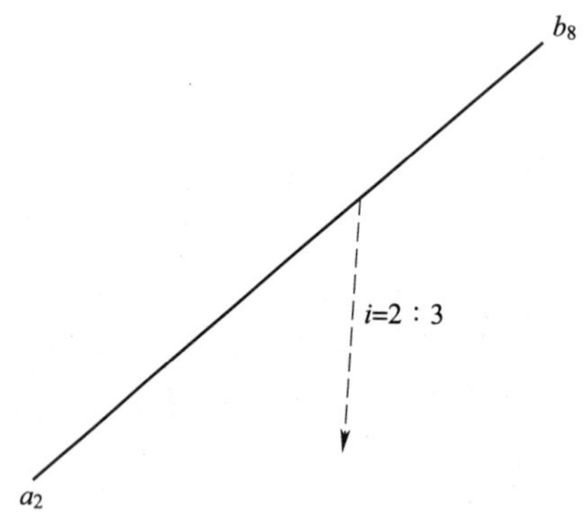


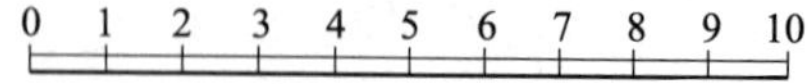

5. 求作圆锥的 $W$ 面投影，并求其表面上点 $A$、$B$ 及线段 $MN$ 的其他投影。

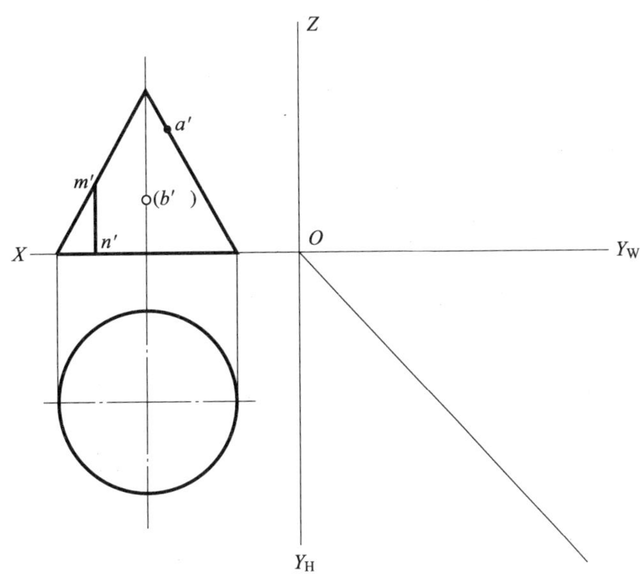


6. 已知三视图画出正等轴测图。

| | |
|---|---|
| 三视图 | 正等轴测图 |

## 五、根据钢筋成形图填写表格（每空 0.5 分，共 10 分）

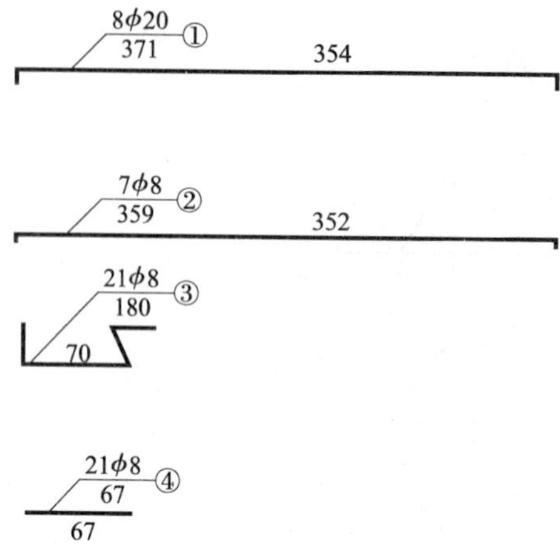


| 编号 | 直径（mm） | 每根长（cm） | 根数 | 共长（m） | 单位质量（kg/m） | 总质量（kg） |
|---|---|---|---|---|---|---|
| 1 | | | | | 2. 466 | |
| 2 | | | | | 0. 395 | |
| 3 | | | | | 0. 395 | |
| 4 | | | | | 0. 395 | |

## 六、识图题（每题 4 分，共 20 分）

阅读下图所示的混凝土构造物配筋图，回答下列问题：

1. 本图为哪种混凝土构筑物的配筋图？

2. 图中⑧号钢筋的名称是什么？

3．钢筋的标准弯钩形式有哪三种角度？

4．钢筋种类符号“φ”表示哪种钢筋？

5．图中⑦号钢筋有多少根？

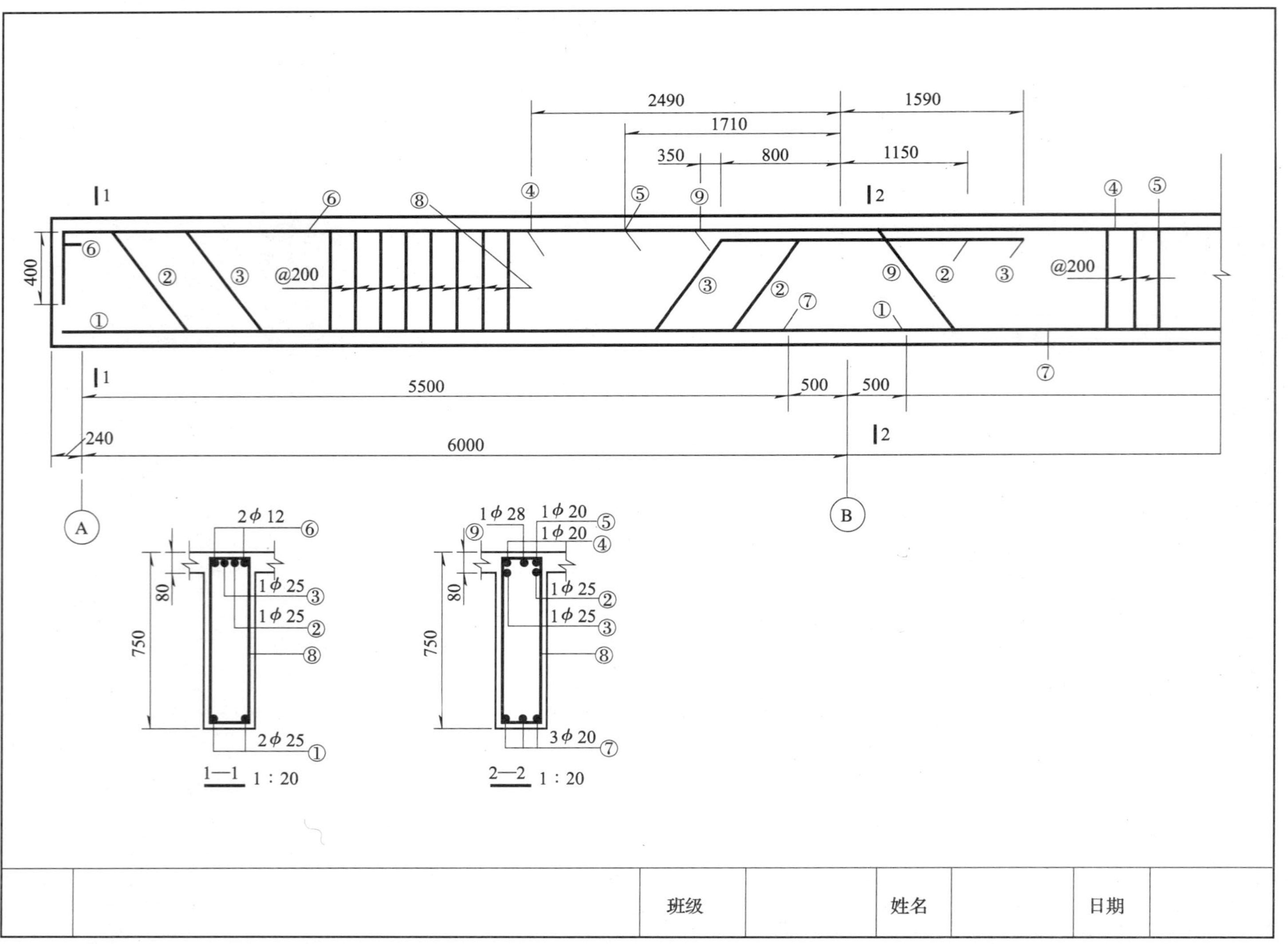
日期
姓名
班级
1—1 1:20
2—2 1:20
2φ12
1φ25
1φ25
2φ25
1φ20
1φ20
1φ25
1φ25
3φ20
1φ28
750
80
400
240
5500
6000
500
500
1590
1150
2490
1710
800
350
@200
@200